EL REGISTRO NACIONAL DE ASOCIACIONES.
60 AÑOS DE SERVICIO PÚBLICO

1ª ed., 1ª reimp., 2026

Autor:
José Rafael Rojas Juárez
Subdirector General de Asociaciones, Archivos y Documentación

Fotografías:
José Rafael Rojas Juárez

Edita:
Ministerio del Interior. Secretaría General Técnica.

Catálogo de Publicaciones de la Administración General del Estado (CPAGE):
https://cpage.mpr.gob.es/

NIPO (ed. en línea): 126-25-055-2
NIPO (ed. en papel): 126-25-054-7
Depósito legal: M-15907-2025
ISBN: 978-84-8150-345-6

Maqueta e imprime: ERAI Producción Gráfica

Índice

Introducción

El impulso de las personas de unirse de forma estable para, conforme a unas reglas predeterminadas, alcanzar un fin común es tan consustancial a la naturaleza humana que el derecho positivo solo puede reconocer y potenciar. Y lo mismo que cualquier movimiento se encauza para su más pleno discurrir, también el movimiento asociativo encontró su cauce natural en el llamado «registro de asociaciones».

Sin necesidad de abordar los precedentes que ya sentaron las bases del derecho asociativo, la Ley de Asociaciones de 30 de junio de 1887, dictada en desarrollo del artículo 13 de la Constitución de 1876, acometió la regulación del ejercicio de la libertad de asociación y su correlato inescindible que fue la creación del registro de asociaciones. Estas dos realidades, asociación (persona jurídica) y registro (órgano administrativo), se han mantenido conexas hasta la actualidad, de tal manera que si el segundo carece de sentido sin la asociación, tampoco ésta tiene virtualidad al margen del registro.

La Ley de 1887 creó el registro de asociaciones como registro provincial adscrito al respectivo Gobierno Civil, en el que se inscribirían las asociaciones domiciliadas en la correspondiente provincia, y le dotó de unas mínimas pero suficientes normas de actuación. Los registros no estaban conectados ni coordinados, sin perjuicio del derecho de la asociación a cambiar el domicilio social, y en tal caso a causar baja en el registro de origen y solicitar su alta en el registro de la nueva provincia. No había, por tanto, ni solapamientos ni dobles inscripciones.

Este esquema registral se mantuvo invariable durante más de setenta y cinco años, hasta que la Ley 191/1964, de 24 de diciembre, de Asociaciones, introdujo la importante novedad de crear un registro de alcance estatal, el Registro Nacional de Asociaciones, que coexistiría con los registros provinciales. Surgió con ello el sistema registral dual, debido a que todas las asociaciones inscritas en los registros provinciales debían, a su vez, estar inscritas en el registro nacional, al cual accedían, además, por una vía directa, las de mayor patrimonio y presupuesto anual, y amplitud de su ámbito territorial de actuación.

La Ley de 1964 entró en vigor el 30 de abril de 1965 (disposición final tercera) y con esta misma fecha se puso en marcha el Registro Nacional de Asociaciones, bajo la dependencia de la Dirección General de Política Interior del Ministerio de la Gobernación, con arreglo a una serie de normas de organización y funcionamiento plasmadas en un preciso desarrollo reglamentario, desde una fuerte concepción de control gubernativo.

Tras la Constitución Española de 1978 y su amplia concepción del derecho fundamental de asociación, el Registro Nacional de Asociaciones no sólo siguió funcionando sino que recibió un espaldarazo al más alto nivel normativo, ya que el registro de asociaciones, a diferencia de otros importantes registros públicos, aparece expresamente citado en el artículo 22. Y, de hecho, continuó actuando conforme a las mismas normas preconstitucionales que lo regulaban, con la sola excepción de aquellas que suponían intervención, interferencia o injerencia administrativa en su vida interna, incompatibles ya con los postulados esenciales de la libertad de asociación en un Estado democrático y con el consecuente principio de autonomía de las asociaciones (autonormación y autoorganización). El Registro quedó con las solas funciones de «inscripción» de las asociaciones y de «publicidad» de lo inscrito.

Aun en estos términos, la inexplicable pasividad del legislador por superar la ley de asociaciones franquista y desarrollar nada menos que un derecho fundamental, hizo que el Registro Nacional de Asociaciones atravesara un largo periodo, entre 1978 y 2002, de profundos cambios y oscilaciones sin una cobertura normativa clara y definida, a lo que se unió el establecimiento y avance del Estado autonómico, que al absorber a los antiguos registros provinciales reformuló las relaciones de los registros territoriales con el registro estatal. Entre esos cambios puede contarse que el Registro pasó a depender en 1990 de la Secretaría General Técnica del Ministerio del Interior.

Por fin, la Ley Orgánica 1/2002, de 22 de marzo, reguladora del Derecho de Asociación, recogiendo una experiencia consolidada, confirmó, por un lado, la supresión de los registros provinciales de asociaciones y, por otro, la única existencia del Registro Nacional de Asociaciones y de los Registros generales de Asociaciones de las Comunidades Autónomas, sin perjuicio de la existencia de los registros especiales de asociaciones, bajo el principio de «inscripción única» (Capítulo V) asentado en concretas reglas de competencia material y territorial.

Se podría decir que el Registro ha cubierto tres grandes etapas. La primera, desde 1965 hasta 1978, en que era básicamente un instrumento de control y en parte de publicidad. La segunda, desde 1978 hasta 2015, en que aparece sólo al servicio de la seguridad jurídica y la publicidad, y como una garantía tanto para los propios socios como para los terceros que se relacionan con la asociación inscrita. Con esta misma configuración material, la Ley 39/2015, de 1 de octubre, del procedimiento administrativo común de las Administraciones Públicas, y el Real Decreto 949/2015, de 23 de octubre, por el que se aprueba el Reglamento del Registro Nacional de Asociaciones, marcaron el inicio de una tercera etapa, que continua en la actualidad, basada en la definitiva apuesta por la administración electrónica y en los importantes cambios de naturaleza registral introducidos, al favorecer avanzados métodos de actuación y dotar al Registro de las notas propias de los registros jurídicos.

De forma particular desde la década de 1980, en el contexto ya de una sociedad abierta y pujante, las sucesivas características definidoras del Registro se han ido convirtiendo en elementos potenciadores del actual y enérgico movimiento asociativo. De hecho, las asociaciones comunes son las principales y más numerosas entidades del tercer sector, actuando en múltiples ámbitos de la actividad social y económica, integradoras y vertebradoras de la sociedad, canalizadoras de las más variadas demandas ante los poderes públicos, y manifestaciones en sí mismas de la diversidad y el pluralismo. Al servicio de todas ellas está el Registro Nacional de Asociaciones, cuyas actuales funciones de procedimiento, inscripción, publicidad y contabilidad son fuente de numerosos beneficios, sin los cuales difícilmente podrían tener viabilidad y existencia efectiva estas entidades y sus agrupaciones.

El Registro ha cubierto la mayor parte de su andadura en la actual democracia, en la que la libertad de asociación se contempla como un derecho fundamental investido de las máximas garantías de protección constitucional. El Registro mismo, como se ha indicado, está concebido como una garantía y, por tanto, reconocido como un servicio público de primer orden, atendiendo las demandas de las casi 70.000 entidades asociativas inscritas y dando entrada cada año a entre 2.000 y 3.000 nuevas entidades, ya sean asociaciones, federaciones, confederaciones o uniones. Y de entre el conjunto de los registros generales de asociaciones, estatales y autonómicos, este registro nacional se puede considerar el más importante de todos ellos, tanto porque inscribe entidades domiciliadas en cualquier parte del territorio para actuar en toda España y en el ámbito internacional como porque es el único competente para la inscripción de las delegaciones de las asociaciones extranjeras que actúan en nuestro país, sin perjuicio, además, de gestionar un instrumento único como es el fichero central de denominaciones.

El 30 de abril de 2025, y bajo la vigencia la Ley Orgánica 1/2002, de 22 de marzo, el Registro Nacional de Asociaciones cumplió sesenta años de funcionamiento ininterrumpido, motivo por el cual se dedica esta obra a tan importante servicio público. Y en este sentido, la misma no puede más que convertirse en tributo y agradecimiento a todas las personas que, desde la función pública, han desarrollado su trabajo en el Registro Nacional de Asociaciones y han estado en contacto directo y diario con sus representantes y socios, tanto en el tiempo de adscripción a la antigua Dirección General de Política Interior como bajo la dependencia de la inmutable Secretaria General Técnica, pues con su dedicación, entrega y vocación de servicio han contribuido de forma decisiva a afianzar y robustecer una de las instituciones registrales más valoradas por la sociedad española.

El Registro, en efecto, es hoy un elemento esencial para la seguridad del tráfico jurídico y económico, en el que las asociaciones tienen un cada vez mayor protagonismo, por lo que, en este aniversario, el Ministerio del Interior apuesta por su decidido impulso, poniendo a disposición de la ciudadanía, obligada a la relación electrónica en este ámbito, y del mismo órgano administrativo del que depende, renovados recursos tecnológicos para la más ágil y eficaz tramitación de los procedimientos registrales, así como para el más completo cumplimiento de los principios de publicidad y transparencia que les son inherentes

Conforme a todo lo expuesto, el libro se estructura en siete capítulos, algunos de los cuales, para ilustrar la apertura que persigue esta obra, exhiben imágenes sobre dependencias, aplicaciones y documentos empleados por el personal del Registro, así como de publicaciones destinadas a su divulgación. Dichos capítulos tratan de la aparición del registro provincial de asociaciones en el siglo XIX, de la creación del registro nacional de asociaciones en el siglo XX, de la extinción de los primeros y la supervivencia del registro nacional tras la Constitución de 1978, así como su consolidación en el siglo XXI, para centrarnos en sus funciones y funcionamiento, y su constante dependencia de uno de los departamentos más relevantes de nuestra historia administrativa desde 1812, el Ministerio del Interior.

En definitiva, el Registro es una unidad administrativa imprescindible en un Estado Social y de Derecho, y no sujeto a contingencias organizativas por cuanto su existencia y operatividad estarán siempre ligadas a la vigencia misma de la Constitución, así como a la realidad y evidencia del ya consolidado pero también creciente movimiento asociativo, por lo que es propósito de esta publicación valorar su trayectoria de sesenta años, su vigoroso presente y su indiscutible continuidad de futuro.

Capítulo I. La aparición del Registro Provincial de Asociaciones en el siglo XIX y su evolución

A pesar de su importancia inspiradora, no nos ocuparemos de los precedentes que a lo largo del siglo XIX contemplaron la libertad de asociación y consideraron la necesidad de establecer una oficina pública en orden a la anotación de las asociaciones. No obstante, sí conviene recordar que, tras los sucesos revolucionarios de 1868, el decreto del Gobierno provisional de 30 de septiembre proclamó el derecho de asociación como una gran conquista social y al mismo tiempo creó un negociado municipal para la constancia de las asociaciones que se constituyeran. Desde entonces hasta la actualidad, en cualquier régimen político o normativa que se considere, «asociación y registro» o «registro y asociación» han sido un binomio inescindible. Tal libertad de asociación, como no podía ser de otra manera en un momento de proclamación de derechos sociales, se plasmó en la progresista Constitución de 1869, aunque por las circunstancias históricas no pudo tener su correspondiente desarrollo legislativo, que previsiblemente hubiera dado cobertura a una unidad administrativa con tal objeto. De hecho, el propio proyecto de Constitución federal de 1873 vinculaba «libertad» y «oficialidad» al disponer la propuesta de artículo 25 que «*nadie impedirá, suspenderá ni disolverá ninguna asociación cuyos estatutos sean conocidos oficialmente…*».

Con estos antecedentes, y desde posiciones más restrictivas, el derecho fundamental de asociación se incorporó a la posterior Constitución de 1876, cuyo artículo 13 disponía que «*todo español tiene derecho a asociarse para los fines de la vida humana*». Y fue al amparo de esta última Constitución que se aprobó la Ley de Asociaciones de 30 de junio de 1887[1], la cual, por primera vez en nuestro derecho positivo, creó con este nombre y vino a justificar el registro de las asociaciones. En el preámbulo se hacen explícitos el motivo y conveniencia de que exista una oficina registral para las asociaciones: «*las asociaciones pueden crearse libremente sin necesidad de permiso ni autorización previa; como los individuos, están sujetas a un registro o empadronamiento, sin más deber que el de poner su existencia y su modo de funcionar en conocimiento de la autoridad gubernativa*». Y en el artículo 7 se concreta que «*en cada Gobierno de provincia se llevará un registro especial en el cual se tomará razón de las Asociaciones que tengan domicilio o establecimiento en su territorio a medida que se presenten las actas de constitución*». El Registro de

---

[1] *Gaceta de Madrid* núm. 193, de 12 de julio de 1887.

Asociaciones, por tanto, aparece como un equivalente al Registro Civil, que ya se había establecido en 1870 para las personas naturales, pero también del posterior Registro Mercantil creado en 1885 para las sociedades. Sin embargo, en la creación de dicho Registro no sólo influyó el fundamento de la publicidad, propia de los registros de situaciones civiles, sino también el de policía administrativa, desde la que ejercer la oportuna supervisión.

Aunque que no existe un concepto legal del registro de asociaciones, bien podría definirse sobre la base de los criterios orgánico y protocolar. Según el primero, el registro es el «negociado» del Gobierno Civil con funciones de anotación y custodia, mientras que conforme al segundo es el conjunto de «libros oficiales» en que se anotan la existencia de las asociaciones y los datos de la vida asociativa que la ley predeterminaba. El Registro era propiamente el registro general de las asociaciones, según se desprende del amplio ámbito de aplicación de la Ley, quedando sometidas a la misma: a) las asociaciones para fines religiosos –excepto las de la religión católica autorizadas por el Concordato–, políticos, científicos, artísticos, benéficos o de recreo o cualesquiera otros lícitos que no tuvieran por único y exclusivo objeto el lucro y la ganancia; y b) los gremios, las sociedades de socorros mutuos, de previsión, de patronato y las cooperativas de producción, de crédito o de consumo. Además de general, el Registro venía caracterizado por ser público, obligatorio y no constitutivo de la personalidad jurídica de las asociaciones. Para completar estas determinaciones resulta de interés señalar las principales funciones registrales, que eran fundamentalmente tres: a) la de tomar razón o inscribir las asociaciones, de manera correlativa, a medida que se presentaran las actas de constitución; b) la de depositar los documentos fundacionales (estatutos, reglamentos, contratos, acuerdos y acta constitutiva) y documentación contable de distinta naturaleza; y c) la de emitir certificados.

A partir del alta o inscripción primera, las asociaciones mantenían un vínculo permanente con el Registro, que sólo se rompía con motivo de su disolución. Importantes actos de la vida asociativa debían ser objeto de sucesivas inscripciones o de depósito de documentos. De esta forma, una vez constituidas e inscritas, las asociaciones estaban obligadas a instar los siguientes trámites: a) a presentar dos ejemplares firmados de los acuerdos por los que se introdujeran modificaciones en los estatutos y reglamentos sociales; b) a comunicar en el plazo de cinco días el nombramiento o elección de las personas que ejercieran los cargos de gobierno, administración y representación; c) a comunicar en el plazo de ocho días los cambios del domicilio social; d) a presentar anualmente el balance general; y e) a presentar semestralmente las cuentas de ingresos y gastos (obligación exclusiva de las asociaciones que recaudaran fondos para el auxilio de sus asociados o con fines de beneficencia, instrucción o análogos). Por su parte, la Ley obligaba a los órganos judiciales a comunicar al registro las sentencias o providencias por las que se acordara la suspensión de las funciones de las asociaciones y aquellas que dejaran sin efecto tal medida, así como las que acordaran la disolución.

La aprobación de la Ley de 1887 determinó un importante estímulo a la creación de asociaciones. No sólo se incrementó su número sino que experimentaron una significativa variedad (recreativas, políticas, obreras, sindicales, técnicas, económicas, científicas, literarias, artísticas o filantrópicas). Sin embargo, el contenido mismo de la Ley se fue revelando escaso en orden al tratamiento registral de un conjunto asociativo que con el tiempo se mostraba cada vez más amplio y complejo. Por tal motivo, llama la atención que, a diferencia del reglamento del Registro Mercantil, que se aprobó en 1885, sólo unos meses después de publicarse el Código de Comercio, respecto del Registro de Asociaciones hubiera que esperar casi cuarenta años para encontrar una verdadera norma reglamentaria de desarrollo. Fue el Real Decreto de 10 de marzo de 1923[2], cuyo preámbulo declaró que «*los preceptos de la Ley de 30 de junio de 1887…, a pesar del largo tiempo de su vigencia, no han sido todavía reglamentados suficientemente*». Tal reglamentación tuvo un impacto directo en el registro, señalándose que en cada Gobierno de provincia, con numeración correspondiente al registro, se abriría un expediente para la incorporación de las actas de constitución, estatutos, reglamentos, contratos y acuerdos que regían las asociaciones, y sucesivamente todos los demás trámites, diligencias y resoluciones a que diera lugar la vida de aquéllas. Otras disposiciones se referían de forma detallada a la necesaria habilitación de los libros de socios, de contabilidad y de cuotas, y a la forma de llevarlos, así como a los trámites de inscripción del nombramiento y cese de los cargos de administración, gobierno y representación, y de inscripción de los acuerdos de modificación de los estatutos y reglamentos sociales. A diferencia de la Ley de 1887, que sólo contemplaba libros obligatorios para las asociaciones (de socios y de contabilidad), los cuales debían ponerse en conocimiento de la autoridad, el Decreto de 1923 añadiría una nueva función al registro, no complementaria sino de carácter sustantivo, como fue la previa diligenciación oficial de los libros obligatorios (de socios, de contabilidad y de cuotas).

Con la llegada de la II República se produce un hito en la evolución del registro, al elevarse este negociado al más alto nivel normativo. El artículo 39 de la Constitución de 1931 establecía: «*Los españoles podrán asociarse o sindicarse libremente para los distintos fines de la vida humana, conforme a las leyes del Estado. Los Sindicatos y Asociaciones están obligados a inscribirse en el Registro público correspondiente, con arreglo a la ley*».

Después de la guerra civil, se dictó el Decreto de 25 de enero de 1941, sobre regulación del ejercicio del derecho de asociación[3]. Nada cambió respecto del esquema registral que se había ido consolidando a lo largo del tiempo, incidiendo la norma, básicamente, en potenciar el sistema de autorización gubernativa previa para la válida constitución de las asociaciones. Su artículo 1 era claro al establecer que «*a

---

[2] *Gaceta de Madrid*, núm. 74, de 11 de marzo de 1923.
[3] *BOE* núm. 37, de 6 de febrero de 1941.

partir de la publicación del presente decreto... no podrán constituirse asociaciones sin aprobación del Ministerio de la Gobernación». Cuatro años más tarde, en el contexto de las llamadas leyes fundamentales, se aprobó el Fuero de los Españoles, disponiendo su artículo 16 que «*los españoles podrán reunirse y asociarse libremente para fines lícitos y de acuerdo con lo establecido en las Leyes*». Con esta cobertura normativa y con la referencia del sistema registral provincial, se empezó a tramitar una nueva ley de asociaciones, que terminaría por derogar la Ley de 1887 y los decretos de 1923 y 1941.

Capítulo II. La creación del Registro Nacional de Asociaciones en el siglo XX

1. Las bases del Registro Nacional de Asociaciones

La nueva Ley 191/1964, de 24 de diciembre, de Asociaciones[4], aunque proclamaba la libertad de asociación en su artículo 1, en el sentido de que el derecho de asociación es un derecho natural que el positivo no puede menoscabar, fue una norma marcada por el recelo hacia las asociaciones, su constante control administrativo y su encorsetamiento en las rígidas estructuras del Estado. En la Ley sobresalen, en efecto, las potestades de intervención. Por un lado, mantuvo la necesidad de autorización para la constitución de las asociaciones, ahora mediante el sistema de resolución gubernativa que declarara la licitud y determinación de los fines sociales y el visado de los estatutos. Y por otro, tras la inscripción, se regularon abundantes controles administrativos sobre su actividad y funcionamiento, manifestados en la posibilidad de la autoridad gubernativa de acceder a los libros y documentos asociativos o de penetrar en los locales donde las asociaciones celebraran reuniones, así como en las amplias facultades concedidas para acordar la suspensión de las asociaciones e imponerles sanciones pecuniarias. Además, las asociaciones estaban obligadas a presentar ante el Gobierno Civil, para su habilitación, los libros de socios, de actas y de contabilidad, y a solicitar del Ministerio de la Gobernación autorización para recibir donaciones por importe superior a cincuenta mil pesetas.

Desde esta misma concepción, y respecto del objeto que nos ocupa, la Ley de 1964 introdujo la importante novedad de la creación de un registro central de asociaciones, que con el nombre de Registro Nacional de Asociaciones sería competente para la inscripción de todas las existentes, ya fueran de ámbito provincial o estatal, de régimen general o específico. Hasta entonces las asociaciones, en sus distintas variantes, habían quedado ordenadas en registros de distinta naturaleza, territorial y material, que funcionaban de forma autónoma y sin sujeción a normas comunes. Una concepción registral que cambió cuando, con vocación centralizadora, se creó dicho Registro en el departamento de Gobernación: «*en el Ministerio de la Gobernación existirá un Registro Nacional de Asociaciones, en el que se inscribirán todas las Asociaciones, a los efectos que en cada caso procedan, sea cual fuere su régimen o su ámbito territorial de actuación, patrimonio y presupuesto*» (artículo 5.2).

El Registro Nacional de Asociaciones se concibió como un instrumento general de ordenación de todas las asociaciones con finalidades administrativas de control

---

[4] *BOE* núm. 311, de 28 de diciembre de 1964.

y fiscalización, y jurídico-privadas de publicidad y protección para terceros. De esta forma, Registro presentaba una naturaleza mixta al ser un órgano al mismo tiempo de control administrativo y de publicidad, en el que, no obstante, pesaba más el primer aspecto.

La Ley entró en vigor el 30 de abril de 1965, marcando en tal fecha el inicio del funcionamiento del Registro Nacional de Asociaciones que, desde el principio, estuvo llamado a tener un fuerte protagonismo desde una clara vocación de permanencia en el tiempo. De hecho, la nueva concepción de la función pública registral de las asociaciones se manifestó en la conformación de un cuerpo normativo propio, necesario para, sobre la base de criterios uniformes, alcanzar la máxima efectividad en la normalización de la documentación y los procedimientos registrales. Y en este sentido, inmediatamente después de la entrada en vigor de la Ley, se dictaron dos importantes normas reglamentarias de desarrollo: a) Decreto 1440/1965, de 20 de mayo, por el que se dictan normas complementarias de la Ley de Asociaciones de 24 de diciembre de 1964[5]; y b) Orden de 10 de julio de 1965 por la que se regula el funcionamiento de los Registros de Asociaciones[6].

2. El impacto del Registro Nacional de Asociaciones en las asociaciones existentes y en los registros tradicionales

La aprobación de la Ley de 1964 tuvo un doble efecto. Por un lado, declaró disueltas todas las asociaciones que no se adaptaran a los nuevos requisitos legales y, por otro, suprimió todos los registros creados al amparo de la Ley de 1887.

Por lo que se refiere al primer proceso, y como ya hiciera la Ley de 1887, las disposiciones transitorias de la Ley de 1964 obligaron a las asociaciones a acomodarse a la nueva normativa mediante la adaptación de sus estatutos y la obtención, en su caso, de las declaraciones necesarias de la Administración, en el plazo de un año desde la publicación de la Ley, es decir, hasta el 28 de diciembre de 1965. La disposición transitoria del Decreto 1440/1965, de 20 de mayo, supuso un intento de acelerar el proceso de adaptación al establecer que las asociaciones «procuraran» adaptarse antes del 1 de octubre de 1965 si su patrimonio no excedía de un millón de pesetas y su presupuesto anual ordinario de las cien mil, además de que su actividad social no rebasare los límites provinciales, y antes del 1 de agosto de 1965 para el resto de asociaciones. Las que no solicitaran su adaptación o no superaran el procedimiento establecido al efecto, quedaban disueltas *ex lege*.

Y en cuanto a lo segundo, la aparición del Registro Nacional de Asociaciones trajo consigo la supresión de los registros generales de asociaciones entonces existentes en las provincias. El Decreto 388/1966, de 3 de febrero, por el que se dictan normas para la

---

[5] *BOE* núm. 135, de 7 de junio de 1965.
[6] *BOE* núm. 175, de 23 de julio de 1965.

cancelación de los antiguos Registros Provinciales de Asociaciones[7], justificó que como consecuencia de la implantación del Registro Nacional y de los Registros Provinciales de Asociaciones previstos en la Ley de 1964, procedía arbitrar un procedimiento para cancelar y dejar extinguidos los Registros Provinciales de Asociaciones que funcionaban de acuerdo con la legislación anterior a dicha Ley. Para ello se establecieron dos reglas de cancelación de asientos, y una tercera general de cierre registral. En cuanto a las dos primeras se distinguió entre las asociaciones adaptadas y no adaptadas a la nueva legislación, disponiéndose, por un lado, que la cancelación de los asientos de las asociaciones adaptadas se iría produciendo en la medida que fueran ingresando en los nuevos registros, y, por otro, que la cancelación de los asientos de las asociaciones no adaptadas se produciría de oficio transcurridos sesenta días a contar desde la publicación de la norma, a menos que en este plazo, a modo de última oportunidad, la asociación solicitara su convalidación. La tercera norma vino a establecer que «*en todo caso, los antiguos Registros Provinciales de Asociaciones quedarán extinguidos y todos sus asientos cancelados dentro de los seis meses siguientes a la publicación de este Decreto*», lo que se verificó de forma definitiva el 21 de agosto de 1966.

Así, por virtud de ambos procesos, las asociaciones no adaptadas quedaron disueltas el 28 de diciembre de 1965 y los antiguos registros provinciales extinguidos el 21 de agosto de 1966, sin conservación de expedientes. Por eso, los Registros Provinciales creados en sustitución de aquéllos se nutrieron en origen de las asociaciones existentes en 1964 pero adaptadas y de las nuevas que se empezaron a constituir en 1965, funcionando todas ellas bajo la novedosa normativa común y siendo igualmente inscritas en el innovador Registro Nacional de Asociaciones.

3. La configuración del Registro Nacional de Asociaciones

Todas las asociaciones de régimen común, de fines lícitos y determinados pero del más amplio espectro, constituían el objeto principal de inscripción de los registros generales de asociaciones, siendo éstos el Registro Nacional de Asociaciones radicado en la Dirección General de Política Interior, el Registro Provincial de Asociaciones de Madrid adscrito a la Jefatura Superior de Policía, los demás Registros Provinciales de Asociaciones dependientes de los respectivos Gobiernos Civiles, y los Registros de Asociaciones de Ceuta y Melilla adscritos a la Administración General de los Territorios en el Norte de África.

Quedaban excluidas del ámbito de aplicación de la Ley de 1964 y sujetas a los correspondientes registros especiales las siguientes entidades: a) las regidas por las disposiciones relativas al contrato de sociedad; b) las constituidas según el derecho canónico y las de la Acción Católica; c) las constituidas conforme al artículo 16 del Fuero de los Españoles, las reguladas por la legislación sindical y las restantes sujetas

---

[7] *BOE* núm. 44, de 21 de febrero de 1966.

al régimen jurídico del Movimiento; y d) las de funcionarios civiles y militares, y las del personal civil empleado en los establecimientos de las Fuerzas Armadas.

A los efectos de inscripción, a partir de mayo de 1965 las personas promotoras de asociaciones podían ya dirigirse a los nuevos registros nacional y provinciales, que, como decimos, en un breve plazo de tiempo se dotaron de las normas reglamentarias necesarias para su organización y funcionamiento. Entre las normas complementarias del Decreto 1440/1965, de 20 de mayo, buena parte de las mismas se dedicaba al Registro Nacional y a los Registros Provinciales (Capítulo II), acometiendo el proceso de registro, los tipos de inscripción o el protocolo registral, mientras que la Orden de 10 de julio de 1965, de contenido más técnico, abordaba aspectos como la estructura de los registros (nacional o provinciales) en secciones o los tipos de asientos a practicar.

Sobre la base de esta normativa es posible abordar la configuración de la unidad registral, en concreto, la propia del Registro Nacional de Asociaciones (RNA, en adelante), considerando sus competencias, estructura, contenido y funcionamiento.

En cuanto a las *competencias*, el RNA se concibió con una pretensión globalizadora, para la expresa constancia de todas las asociaciones existentes, de régimen general y especial. Pero las vías de ingreso en el Registro no eran dos sino tres ya que, además de las especiales, la Ley distinguió las asociaciones generales en función de distintos criterios vinculados al patrimonio, presupuesto y ámbito territorial de actuación. Aquellas cuyo patrimonio superara el millón de pesetas, o su presupuesto inicial rebasara las cien mil pesetas o sus actividades sociales excedieran del ámbito provincial debían inscribirse directamente en el RNA, de oficio, en el plazo de un mes contado desde la fecha de las resoluciones dictadas por los servicios centrales del Ministerio de la Gobernación acerca de la determinación y licitud de los fines, y del visado de los estatutos. El resto de asociaciones generales, que no superaban los límites cuantitativos señalados y no se proponían ejercer su actividad fuera de la provincia, eran de la competencia de los registros provinciales correspondientes a su domicilio social. A su vez, las asociaciones de régimen específico, excluidas del ámbito de aplicación de la Ley, eran de la competencia de los registros especiales. Pero tanto en uno como en otro caso los Gobiernos Civiles y los organismos competentes estaban obligados a comunicar al RNA los respectivos datos de inscripción. Por ello, a la primera vía de ingreso que se verificaba de oficio se añadían otras dos derivadas de las comunicaciones que obligatoriamente debían realizar al RNA los registros provinciales y los registros especiales. La vocación expansiva del RNA no anuló el principio de competencia, en el sentido de que, como todas las asociaciones terminarían inscritas en el mismo, se podía eludir *per saltum* la inscripción previa en el registro provincial o especial correspondiente. Por el contrario, estos últimos se configuraron como los registros naturales, los de primer ingreso, sin perjuicio de luego efectuarse el traslado de datos para una segunda inscripción en el RNA, que en paralelo, como hemos dicho, ostentaba sus propias competencias respecto de determinado tipo de asociaciones, las de régimen general de mayor capacidad económica y alcance de actuación, cuyas inscripciones, a su vez, debía notificar a los registros de la provincia donde tuvieran su domicilio social. Verificada la inscripción directa o indirecta, según los casos, el RNA también ejercía las típicas funciones registrales de publicidad y custodia. La publicidad se realizaba, en general, a través de la emisión de certificaciones, y mediante el acceso a los expedientes para aquellos que acreditaran la condición de interesado con arreglo a la Ley de Procedimiento Administrativo. Al mismo tiempo, el Registro custodiaba la documentación administrativa y asociativa que quedaba en depósito tras la inscripción.

Por lo que respecta a la *estructura* (secciones y protocolo), la normativa también contempló la posibilidad de agrupaciones de asociaciones en forma de federación y, en consecuencia, con este planteamiento el RNA se estructuró en tres Secciones para ordenar debidamente tan amplio contenido. En concreto, en las tres siguientes:

Sección Primera: Asociaciones generales;
Sección Segunda: Federaciones;
Sección Tercera: Asociaciones especiales.

La Sección Primera comprendía todas las asociaciones de régimen general sometidas globalmente al ámbito de aplicación de la Ley. Aquí quedaban encuadradas las asociaciones de mayor patrimonio, presupuesto y alcance territorial, directamente inscritas por el RNA, y las de menor entidad, inscritas indirectamente previa comunicación por parte de los registros provinciales. La Sección Segunda se reservaba para las federaciones en su doble clasificación, tanto federaciones de asociaciones de utilidad pública como federaciones de asociaciones simples. La Sección Tercera estaba referida a las asociaciones de régimen específico, excluidas del ámbito de aplicación de la Ley, pero inscribibles en los registros especiales, cuyos encargados igualmente debían comunicar su existencia al RNA para su inscripción. Como parte del RNA se formó el Protocolo de expedientes, que consistía en el archivo de los expedientes de todas y cada una de las asociaciones y federaciones, con exclusión de las asociaciones especiales. Respecto de cada una de ellas, se conservaba el acta fundacional, un ejemplar de los estatutos visados, las resoluciones gubernativas de autorización, los presupuestos anuales, las comunicaciones conteniendo las juntas directivas, el acuerdo de declaración de utilidad pública en su caso, las autorizaciones para recibir donaciones, las comunicaciones de las sesiones generales y cuantos otros documentos tuvieran relación con la organización, funcionamiento y actividades de la entidad.

En relación con la materia, el *contenido* objetivo del RNA venía constituido por lo actos inscribibles predeterminados por la norma. En las Secciones Primera y Segunda eran objeto de inscripción: a) la constitución de la asociación o federación; b) las modificaciones estatutarias; c) las declaraciones de utilidad pública; y d) la disolución de la asociación o federación. Para cada uno de ellos, además, se detallaban los extremos de necesaria constancia. Respecto de la constitución de una asociación o federación debían figurar: a) números de orden asignados en el Registro Provincial y en el Registro Nacional; b) denominación; c) fecha de constitución; d) fines sociales; e) patrimonio fundacional, f) presupuesto inicial; g) ámbito territorial de acción; h) domicilio principal y otros locales; e i) fecha de inscripción. En cuanto a las modificaciones estatutarias constarían: a) extracto de la modificación; b) fecha de la modificación; y c) fecha de inscripción. Las declaraciones de utilidad pública recogían las siguientes fechas: a) fecha de declaración de utilidad pública por el Consejo de Ministros; b) fecha de la eventual incorporación de la asociación a la federación correspondiente; y c) fechas de la inscripción de la declaración y, en su caso, de la citada integración federativa. Y, por último, sobre la disolución se debían anotar los datos de: a) motivo determinante de la disolución; b) aplicación estatutaria o legal del patrimonio social; y c) fecha de inscripción. La inscripción de las asociaciones de la Sección Tercera sólo comprendía los actos de constitución (fecha, fines, ámbito y domicilio) y disolución (fecha y causas). Se identificaron tres tipos de asientos: a) de ingreso; b) complementarios; y c) de baja. Los asientos de ingreso eran, básicamente, los de constitución de nuevas asociaciones y federaciones, y los de adaptación de las existentes. Los complementarios amparaban una relación más extensa, que se puede resumir en asientos de modificaciones estatutarias y cambios de domicilio, declaraciones de utilidad pública, incorporación a federaciones, y autorizaciones para formar parte de entidades internacionales o utilizar sus denominaciones. Los asientos de baja eran de dos clases, los referidos a la disolución de la entidad, y los de traslado del domicilio social de una provincia a otra.

Sobre su *funcionamiento*, el RNA comenzó llevándose por el sistema de hojas normalizadas de color blanco, tamaño UNE A4, utilizadas horizontalmente y numeradas correlativamente. Los asientos se practicaban unos a continuación de otros, sin interrupción de hoja, siguiendo el texto de los modelos aprobados en la Orden de 10 de julio de 1965, y debían autorizarse, con su firma, por el Jefe de la Sección correspondiente, después Servicio, de la Dirección General de Política Interior.

Capítulo III. El Registro de Asociaciones en la Constitución de 1978

1. El derecho fundamental de asociación y el registro de asociaciones

El derecho de asociación, el de vincularse libremente unas personas con otras para alcanzar un fin compartido, es un evidente derecho natural y, por ello, consustancial a la condición humana desde la perspectiva de la sociabilidad, como también un derecho positivo que forma parte de nuestra tradición jurídico-constitucional desde 1869, y así se ha plasmado en la última de nuestras leyes fundamentales. La Constitución Española de 1978 (CE) proclama que España se constituye en un Estado Social y Democrático de Derecho, y propugna como valores superiores del ordenamiento jurídico la libertad, la justicia, la igualdad y el pluralismo político. Reconoce y protege una extensa lista de derechos fundamentales y libertades públicas, entre ellos el derecho de asociación en el artículo 22: «*1. Se reconoce el derecho de asociación. 2. Las asociaciones que persigan fines o utilicen medios tipificados como delito son ilegales. 3. Las asociaciones constituidas al amparo de este artículo deberán inscribirse en un registro a los solos efectos de publicidad. 4. Las asociaciones sólo podrán ser disueltas o suspendidas en sus actividades en virtud de resolución judicial motivada. 5. Se prohíben las asociaciones secretas y las de carácter paramilitar*».

Este precepto fue considerado por el Tribunal Constitucional como el derecho común de las asociaciones, declarando que «*el artículo 22 de la Constitución contiene una garantía que podríamos denominar común; es decir, el derecho de asociación que regula el artículo mencionado se refiere a un género (la asociación) dentro del que caben modalidades específicas*» (STC 67/1985, FJ 3) y que «*el art. 22 CE reconoce el derecho de asociación sin referencia material alguna, de modo que este derecho se proyecta sobre la totalidad del fenómeno asociativo en sus muchas manifestaciones y modalidades*» (STC 5/1996, FJ 6). En efecto, la Constitución no solo se limita al tipo básico, a la asociación general, sino que se abre a una gran variedad de figuras asociativas, que de forma más o menos explícita se concretan en los partidos políticos (artículo 6); sindicatos de trabajadores y asociaciones empresariales (artículo 7); confesiones, comunidades y asociaciones religiosas (artículo 16); asociaciones profesionales de miembros de cuerpos militares (artículo 28), asociaciones de consumidores y usuarios (artículo 51); y asociaciones profesionales de jueces, magistrados y fiscales (artículo 127). Otras referencias constitucionales aludirían indirectamente a las asociaciones deportivas (artículo 43.3), juveniles (artículo 48) o de discapacidad (artículo 49), las cuales, sin embargo, no participan de la naturaleza de asociaciones especiales.

Se podría decir, incluso, que la Constitución no se reduce a reconocer la polivalencia de las formas asociativas y su presencia en la vida social, política, económica y cultural, sino que de su importante artículo 9.2 parece deducirse un verdadero deber de los poderes públicos de facilitar la creación de asociaciones y amparar su efectivo desarrollo.

En su conformación y delimitación, el Tribunal Constitucional concretó el contenido esencial del derecho de asociación identificando cuatro facetas o dimensiones: a) la libertad de creación de asociaciones y de adscripción a las ya creadas; b) la libertad de no asociarse o de dejar de pertenecer a las mismas; c) la libertad de organización y funcionamiento sin injerencias públicas; y d) la garantía de un haz de facultades de los socios, individualmente considerados, frente a las asociaciones a las que pertenecen (STC 173/1998, FJ 8).

Todas las asociaciones, generales y especiales, quedaron además sometidas al deber de registro, y es que, al igual que ya hiciera la Constitución de 1931, la CE situó en el rango constitucional al registro de asociaciones al establecer que «*las asociaciones constituidas al amparo de este artículo deberán inscribirse en un registro a los solos efectos de publicidad*» (artículo 22.3).

Aunque es controvertida la distinción entre «registros jurídicos» y «registros administrativos», que los separa diciendo, en esencia, que los registros jurídicos son oponibles mientras que los registros administrativos son informativos, cuando en realidad en muchos casos tales características se entremezclan en un mismo registro, y de ahí la polémica, lo cierto es que la propia CE parece avalar tal separación en el artículo 148.1.8ª y en el artículo 105.b), respectivamente. Entre los registros jurídicos estarían el registro civil, mercantil y de la propiedad. Los registros administrativos se abren a una doble tipología. Por un lado, las tradicionales Oficinas de Registro, encargadas de la recepción de los escritos presentados por los ciudadanos. Tras la Ley 39/2025, de 1 de octubre, del procedimiento administrativo común de las Administraciones Públicas, tales oficinas han dado lugar al registro electrónico general, único por cada Administración, y a las oficinas de asistencia en materia de registros. Ambos deberán practicar asientos de entrada y salida de documentos, cumpliendo una función de intermediación entre los ciudadanos y los órganos competentes para resolver o atender sus solicitudes, declaraciones o comunicaciones. Por otro, encontramos una pléyade de unidades o instrumentos administrativos establecidos con el nombre de «registro» para facilitar el ejercicio de las competencias de la Administración y/o el ejercicio de los derechos de las personas, físicas o jurídicas, o como mero soporte de ordenación o de información administrativa. Se situaría aquí un extensísimo número de casos de registros administrativos creados en las materias más diversas, tanto a nivel estatal, autonómico y local, que no responden a ningún tipo de criterio pues no existen normas ni principios que los disciplinen, sin perjuicio de su carácter contingente al poder establecerse y suprimirse en función de la normativa en cada momento aplicable.

Pues bien, fuera de los artículos 149.1.8ª y 105.b) CE no se encontrará en el texto fundamental ninguna otra alusión a los registros públicos, con la única excepción del artículo 22 para confirmar la existencia del registro de asociaciones. Un registro que no pertenece a ninguna de las categorías anteriores sino que, más bien, se coloca a medio camino para configurarse como un registro *sui generis*, que participa de las notas características de ambas. A nuestro juicio, hay que descartar que el registro de asociaciones sea asimilable a cualquiera de los tipos de registros administrativos indicados, pues ni es registro de entrada y salida de documentos, ni se trata de un registro creado *ad hoc* en función de las necesidades impuestas por la normativa en cada momento aplicable, y que eventualmente puede suprimirse bien de forma definitiva o bien para sustituirlo por otro instrumento que sirva a los mismos fines. El registro de asociaciones no es un simple registro de información o estadística, sino un registro de publicidad y seguridad jurídica, de base constitucional y por ello inamovible, que aunque administrativo porque depende directamente de la Administración y se gestiona por funcionarios públicos de cuerpos generales, trasciende por su esencia y efectos de esta tipología para acercarse a la naturaleza de los registros civiles.

Como vemos, la CE, bajo el genérico concepto de «registro», dio continuidad al conjunto de registros de asociaciones entonces existentes, el Registro Nacional de Asociaciones, los Registros provinciales de Asociaciones (hoy transformados en registros autonómicos) y los registros especiales de asociaciones, si bien todos ellos adaptados a las bases constitucionales, en el sentido de que tales registros ya dejaron de ser instrumentos de control y en menor medida de publicidad para convertirse únicamente en unidades al servicio de los principios de publicidad y transparencia, y de la seguridad del tráfico jurídico[8].

2. La continuidad y relevancia del Registro Nacional de Asociaciones

El Registro Nacional de Asociaciones, caracterizado como registro general y primario, sobrevivió a la CE y lo hizo con la toda la fuerza derivada de su artículo 22.3, además de con la cobertura de la legislación entonces vigente. En este sentido, el Tribunal Constitucional afirmó el principio de continuidad de la legislación preconstitucional

---

[8] En la actualidad se debate en el seno del Grupo de Trabajo sobre Derecho de Sociedades del Consejo de la Unión Europea (Working Party on Company Law) la «Propuesta de Directiva del Parlamento Europeo y del Consejo, relativa a las asociaciones transfronterizas europeas». Este proyecto normativo, de tener éxito, vendría a ampliar el actual panorama asociativo en España, compuesto por asociaciones generales y especiales, estatales o autonómicas, y lo haría con una nueva forma de asociación, la asociación transfronteriza europea (ECBA), para la cual, como no podía ser de otra manera, se prevé el establecimiento de un registro obligatorio en cada Estado miembro (artículo 20), todos ellos interconectados a través de avanzadas soluciones tecnológicas, y que a su vez haría más complejo el sistema registral de nuestro país. No obstante, a este novedoso registro administrativo se le atribuyen funciones de control e intervención de las asociaciones transfronterizas desconocidas para los vigentes registros españoles, por lo que presenta todo interés la definición, dependencia, estructura y competencias que en su diseño establezca la eventual y futura norma de transposición al derecho interno de dicha directiva, incluida su propia compatibilidad con la CE.

en tanto no fuera incompatible con la Constitución (STC 36/1982), y especificó este principio respecto de la Ley de Asociaciones de 1964 (STC 64/1985 y STC 218/1988), la cual, en ningún caso, se la consideró un desarrollo propio del artículo 22 CE por responder a principios opuestos al pluralismo actual (STC 67/1985 y STC 173/1998). De esta forma, la Ley de Asociaciones de 1964 continuó vigente en todo aquello que no se opusiera a la CE, por lo que, por un lado, quedaron derogados todos aquellos preceptos que suponían intervención e injerencia administrativas en la creación y actividad de las asociaciones, pero, por otro, se mantuvieron las atribuciones registrales con el mismo diseño técnico que en cuanto a organización, asientos y soportes se venía actuando.

No obstante seguir funcionando sin solución de continuidad, los cambios estructurales y materiales derivados del Estado Social y Democrático de Derecho influyeron de forma decisiva en el registro central, que experimentó de forma sucesiva dos importantes procesos de ajuste de los que resultaron, en cuanto a funciones y objeto, las bases definitorias del actual RNA.

El primer proceso tuvo lugar inmediatamente después de entrar en vigor la Constitución y proclamarse el derecho de asociación fundamentado en las notas de libertad y voluntariedad. Esto trajo un cambio decisivo para el Registro, consecuencia de la eliminación de la autorización previa y el visado de los estatutos, que se concretó en que la inscripción pasó de practicarse de oficio a realizarse a instancia de los interesados pues al desaparecer aquellas resoluciones administrativas intermedias entre la solicitud y la inscripción, el Registro ya no conocía la existencia de las asociaciones y eran éstas las que directamente debían instar su inscripción. Un segundo cambio derivó de la supresión de las facultades de control político-administrativo que hasta entonces se ejercían sobre la organización, funcionamiento y actividades de las asociaciones, con el efecto de eliminarse las funciones que en este orden correspondían al Registro, tales como diligenciar libros, recibir las comunicaciones sobre celebración de sesiones generales y autorizar la percepción de donaciones. Al mismo tiempo, todo ello conllevó la simplificación del protocolo, que se empezó a conformar con un número muy inferior de documentos. El RNA, por tanto, limitó sus competencias a la inscripción de las asociaciones y a dar publicidad de lo inscrito en coherencia con otros registros oficiales de personas.

El segundo ajuste se inició igualmente en 1978 pero tendría su mayor desarrollo a partir de la segunda mitad de la década de 1980. Consistió en la delimitación del objeto del Registro y presentó una doble vertiente. Por un lado, se produjo la salida y entrada en el RNA de determinado tipo de asociaciones, como por ejemplo, respectivamente, la salida de las asociaciones políticas, que pasarían a ser inscritas en el Registro de Partidos Políticos, o la entrada de las asociaciones del Movimiento, que hasta entonces figuraban en registros especiales. Por otro, la implantación efectiva del Estado Autonómico y la consiguiente creación de registros generales de asociaciones en las Comunidades Autónomas marcó un vaciamiento del RNA. Es decir, en función del domicilio y ámbito regional de actuación, miles de expedientes de asociaciones se trasladaron desde el RNA a los registros autonómicos, conservando el nacional los de aquellas que, domiciliadas en cualquier parte, tuvieran declarado que su ámbito de actuación era todo el territorio del Estado, lo que, al mismo tiempo, hizo decaer la doble inscripción de una misma entidad asociativa. Este proceso comenzó en 1981 con Cataluña y terminó en 1996 con Galicia, realizándose mediante la aprobación de sucesivos reales decretos de traspaso de funciones y servicios en materia de asociaciones[9].

Tales decretos contemplaban el traspaso, entre otras, de las siguientes funciones: a) el registro de todas las asociaciones que desarrollaran principalmente sus actividades y tuvieran establecido su domicilio dentro del territorio de la Comunidad Autónoma; b) la inscripción de las modificaciones estatutarias; y c) el ejercicio de la publicidad registral. Además, preveían un determinado plazo para la entrega a la Comunidad Autónoma de la documentación y expedientes de los Gobiernos Civiles. Para el adecuado funcionamiento del Registro Nacional y los Registros Autonómicos, los decretos de transferencias incluyeron un apartado relativo a los principios de cooperación y coordinación entre las respectivas Administraciones públicas.

Para la Administración del Estado suponía: a) remitir a la Comunidad Autónoma las solicitudes de inscripción de su competencia; b) informar sobre la denominación de las asociaciones inscritas en el registro nacional; c) informar de la apertura de establecimientos y locales en el territorio de la Comunidad Autónoma por parte de una asociación de ámbito nacional; y d) remitir copia autorizada de la documentación disponible para el ejercicio de las funciones registrales de la Comunidad Autónoma. Para la Administración de las Comunidades Autónomas suponía: a) remitir a la Administración del Estado las solicitudes de inscripción de su competencia; y b) informar de las asociaciones inscritas en el registro autonómico y sus alteraciones.

---

[9] La relación de decretos es la siguiente: ANDALUCÍA: Real Decreto 304/1985, de 6 de febrero (*BOE* núm. 62, de 13 de marzo de 1985); ARAGÓN: Real Decreto 1054/1994, de 20 de mayo (*BOE* núm. 148, de 22 de junio de 1994); CANARIAS: Real Decreto 1205/1985, de 3 de julio (*BOE* núm. 175, de 23 de julio de 1985); CANTABRIA: Real Decreto 1388/1996, de 7 de junio (*BOE* núm. 156, de 28 de junio de 1996); CASTILLA-LA MANCHA: Real Decreto 376/1995, de 10 de marzo (*BOE* núm. 93, de 19 de abril de 1995); CASTILLA Y LEÓN: Real Decreto 1687/1994, 22 de julio (*BOE* núm. 216, de 9 de septiembre de 1994); CATALUÑA: Real Decreto 3526/1981, de 29 de diciembre (*BOE* núm. 47, de 24 de febrero de 1982); COMUNIDAD DE MADRID: Real Decreto 2372/1994, de 9 de diciembre (*BOE* núm. 310, de 28 de diciembre de 1994); COMUNIDAD FORAL DE NAVARRA: Real Decreto 225/1986, de 24 de enero (*BOE* núm. 36, de 11 de febrero de 1986); COMUNIDAD VALENCIANA: Real Decreto 1039/1985, de 25 de mayo (*BOE* núm. 157, de 2 de julio de 1985); EXTREMADURA: Real Decreto 62/1995, de 24 de enero (*BOE* núm. 40, de 16 de febrero de 1995); GALICIA: Real Decreto 1639/1996, de 5 de julio (*BOE* núm. 184, de 31 de julio de 1996); ILLES BALEARS: Real Decreto 120/1995, de 27 de enero (*BOE* núm. 44, de 21 de febrero de 1995); LA RIOJA: Real Decreto 2375/1994, de 9 de diciembre (*BOE* núm. 310, de 28 de diciembre de 1994); PAÍS VASCO: Real Decreto 2590/1985, de 18 de diciembre (*BOE* núm. 11, de 13 de enero de 1986); PRINCIPADO DE ASTURIAS: Real Decreto 846/1995, de 30 de mayo (*BOE* núm. 161, de 7 de julio de 1995); REGIÓN DE MURCIA: Real Decreto 1276/1994, de 10 de junio (*BOE* núm. 154, de 29 de junio de 1994).

Al momento de dictarse el último decreto de traspaso de funciones y servicios en materia de asociaciones, y según datos del Ministerio del Interior, el RNA tenía inscritas en sus distintas secciones 188.447 entidades[10], entre asociaciones, federaciones, confederaciones y asociaciones juveniles. Este elevado número debe entenderse en el sentido de que materialmente en 1996 aún no se había culminado el proceso de traspaso de expedientes a la totalidad de las Comunidades Autónomas. De hecho, cuando se completó dicho traspaso y en 2002 se dictó la ley orgánica de asociaciones, el RNA empezaría la nueva etapa con 20.776 entidades asociativas.

Al margen de lo expuesto conviene destacar la valiosa tarea desarrollada por el RNA entre 1978 y 2002, tanto por ser destinatario principal del artículo 22 CE como por colmar tan exigua normativa a partir de la formación de sus funcionarios y de la experiencia acumulada desde 1965.

En efecto, al hablar del carácter de tronco común del artículo 22 la doctrina ha destacado su simplicidad, su proclamación genérica del derecho o el establecimiento de las líneas maestras del mismo con un espíritu amplio y extensivo. Pero ningún comentario alude a que todos y cada uno de los apartados del artículo 22 tienen incidencia en el diseño y en las funciones del registro de asociaciones. Los apartados 1 y 3 perfilan al Registro como un servicio público, carente de cualquier potestad autorizatoria o interventora, destinado únicamente a dar difusión de la existencia de las asociaciones y de su régimen estatutario, los apartados 2 y 5 determinan las asociaciones ilegales y prohibidas que el Registro, en uso de sus facultades y de acuerdo con el procedimiento establecido, nunca podrá admitir a inscripción, mientras que el apartado 4 recuerda los límites del Registro, que si bien no podrá adoptar medida alguna que pueda suponer suspensión de las actividades o disolución de la asociaciones sí es competente para hacer constar tales circunstancias en las respectivas hojas registrales. Es más, cuando se afirma que el derecho de asociación es un auténtico derecho de libertad y, por tanto, los poderes públicos deben abstenerse de realizar cualquier acto que impida o dificulte su ejercicio, en particular se está pensando en el poder ejecutivo, y dentro de éste en el registro de asociaciones, que se convierte así en destinatario destacado del contenido del artículo 22 CE.

Por su parte, dicho artículo 22 participó de las notas de aplicación directa y derogación de las normas incompatibles predicadas de las disposiciones constitucionales sobre los derechos fundamentales, sin necesidad de intermedio de una ley. El Tribunal Constitucional puso de relieve que el artículo 22 CE «*lejos de ser una disposición de mero reconocimiento, es también la expresión de un estatuto mínimo y ordenado a la garantía de la existencia de determinadas asociaciones sin necesidad de la previa intermediación del legislador*» (STC 5/1996, FJ 6). La importancia de

---

[10] Anuario Estadístico del Ministerio del Interior 1997, disponible en http://www.interior.gob.es/documents/642317/1830179/AEM_1997.pdf/ee20dc52-e986-4466-a59a-436ba8eb8e3f

esta doctrina para el ordenamiento jurídico de las asociaciones se fue revelando con el tiempo especialmente importante dada la inexplicable pasividad poder legislativo respecto de tan importante derecho fundamental, que al no aprobar una nueva ley y, en consecuencia, derogar la Ley de 1964 vino a potenciar el valor de aplicación directa del artículo 22 CE.

Precisamente debido a todo lo anterior, los registros de asociaciones, con el estatuto mínimo del artículo 22 CE y una mermada ley preconstitucional, tuvieron que dar continuidad a un servicio básico para las asociaciones y enfrentarse a una constante y meritoria labor interpretativa, confirmada o corregida, según los casos, por los tribunales. Fueron numerosas las cuestiones que a diario se debían resolver en el curso de la tramitación de los procedimientos de inscripción y al momento de ejercer la publicidad, sujeta a inevitables límites, así como abundantes las consultas dirigidas por ciudadanos y administraciones al RNA, con la salvedad, en cuanto a estas últimas, de dos Comunidades Autónomas, cuyos registros generales de asociaciones se vieron favorecidos por la aprobación de la Ley 3/1998, de 12 de febrero, de Asociaciones del País Vasco, y Ley 7/1997, de 18 de junio, de Asociaciones de Cataluña, respectivamente. Tampoco aquí la doctrina, después de apuntar a un drama legislativo por falta de ley democrática, reconoció que fue en particular el RNA, por su importancia en términos históricos y de relevancia, el que realizó la labor de primera exégesis constitucional y el que sin el apoyo de una regulación completa y actualizada dio cauce y prestó servicio a miles de asociaciones durante veinticuatro años, hasta que finalmente se aprobó la anhelada ley orgánica de asociaciones en 2002. Se podría decir que fue precisamente el RNA el que transformó ese drama normativo en ventura y satisfacción para las asociaciones, que encontraron en el funcionamiento y eficacia de la administración pública sus verdaderas posibilidades de existencia y actuación, y con ello, en general, el necesario impulso al llamado «tercer sector», tan necesario en cualquier sociedad que se quiera llamar democrática.

Capítulo IV. La consolidación del Registro Nacional de Asociaciones en el siglo XXI

1. La Ley Orgánica 1/2002, de 22 de marzo, reguladora del Derecho de Asociación (LODA)

El derecho fundamental de asociación, como se acaba de recordar, no mereció una especial atención por el legislador estatal, sin embargo, a diferencia del largo periodo de tiempo transcurrido entre la Constitución y la efectiva regulación de este derecho, la tramitación parlamentaria de la correspondiente ley orgánica de desarrollo del artículo 22 CE fue relativamente breve. Se inició el 29 de junio de 2001 con la publicación del Proyecto de Ley Orgánica del Derecho de Asociación y la apertura del plazo de enmiendas[11] y terminó cuando el pleno del Congreso de los Diputados, el 12 de marzo de 2002, aprobó el texto final por 195 votos a favor, 4 en contra y 104 abstenciones[12].

Durante el proceso, el ministro de la Presidencia presentó el Proyecto de Ley en el Congreso de los Diputados, exponiendo los puntos más novedosos en cuanto a la capacidad para constituir asociaciones, efectos de la inscripción, coordinación entre registros, respeto a los principios democrático y de autoorganización, fomento de las asociaciones que promuevan el interés general y posibilidad de crear consejos sectoriales de asociaciones. Estos puntos se concretaron como siguen: 1. Extensión de la capacidad para constituir asociaciones a las personas físicas o jurídicas, públicas o privadas, en armonía con lo dispuesto en el artículo 9.2 CE, bastando la concurrencia de tres personas para la constitución; 2. Regulación de la inscripción en el registro correspondiente, dotándola de efectos meramente publicitarios, en conexión con el artículo 22.3 CE, de modo que adquiera plena personalidad jurídica con el acuerdo de constitución; 3. Consagración del principio de autoorganización de las asociaciones que quedan sometidas a lo dispuesto en sus Estatutos para los que se establece una regulación mínima; 4. Fomento de las asociaciones que desplieguen actividades de interés general, a las que se les conceden, entre otras ventajas, subvenciones y beneficios fiscales; 5. Inclusión de un catálogo de derechos y deberes de los asociados que asegura el funcionamiento democrático de los entes sociales; 6. Establecimiento de criterios de distribución de competencias entre el Registro Nacional y los Registros Autonómicos, a los que se añaden los de las ciudades de Ceuta y Melilla, previendo la coordinación entre ellos; 7. Posibilidad de creación de Consejos Sectoriales de

---

[11] *Boletín Oficial de las Cortes Generales, Congreso de los Diputados*, serie A, nº 41-1, de 29 de junio de 2001.
[12] *Boletín Oficial de las Cortes Generales, Congreso de los Diputados*, serie A, nº 41-13, de 12 de marzo de 2002.

Asociaciones para cada sector concreto de actividad, con el fin de facilitar el contacto continuo entre las asociaciones y las Administraciones Públicas[13].

Finalmente, el 26 de marzo de 2002 se publicó la Ley Orgánica 1/2002, de 22 de marzo, reguladora del Derecho de Asociación (LODA)[14], que entraría en vigor dos meses después. La LODA, por tanto, fue un muy tardío desarrollo del derecho de asociación y en general vino a ser un compendio de las disposiciones legales, criterios jurisprudenciales y opiniones doctrinales consolidados durante los, entonces, veinticuatro años de vigencia de la Constitución, todo lo cual es especialmente claro en materia registral. Como no podía ser de otra forma, ingresados ya en el siglo XXI, la Exposición de Motivos de la LODA no pudo por más que reconocer «*la ineludible necesidad de abordar el desarrollo del artículo 22 de la Constitución*». La LODA, que contiene cuarenta y dos artículos estructurados en ocho capítulos, además de cuatro disposiciones adicionales, dos transitorias, una derogatoria y cuatro finales, viene orientada por tres criterios principales, que son los de «*generalidad, aun cuando únicamente rija con carácter supletorio respecto de los tipos asociativos regulados por ley especial; minimalidad, ya que, como ley de mínimos, se limita a regular los elementos estrictamente caracterizados del derecho fundamental de asociación; y brevedad y concisión, pues únicamente contempla las líneas generales del derecho de asociación*»[15].

La LODA desarrolló el artículo 22 CE de acuerdo con los principios de libertad y voluntariedad y bajo el explícito reconocimiento de que las asociaciones son un instrumento básico para la integración social y el fortalecimiento de la democracia. Acoge las cuatro dimensiones sobre las que, según el Tribunal Constitucional, se proyecta el derecho de asociación, y señala aquellos de sus artículos dictados con rango de ley orgánica en desarrollo del artículo 81 CE y aquellos dictados en virtud de otros títulos competenciales del Estado, y que, por tanto, deben ser observados en la legislación de las Comunidades Autónomas[16], mientras que el resto del articulado se aplica sólo a las asociaciones de ámbito estatal. Derogó la Ley de Asociaciones de 1964 y, según la fórmula habitual de normativas precedentes, estableció un plazo de

---

[13] *Diario de Sesiones, Congreso de los Diputados*, Pleno y Diputación Permanente, VII Legislatura, núm. 108, de 27 de septiembre de 2001, págs. 5242 a 5244.

[14] *BOE* núm. 73, de 26 de marzo de 2002.

[15] Tales criterios aparecen recogidos en la Memoria al Anteproyecto de Ley elaborada por el Ministerio del Interior, pág. 6 (dicha Memoria se ha obtenido de la Vicesecretaría General Técnica del Ministerio del Interior).

[16] De acuerdo con sus respectivos Estatutos de Autonomía, en la actualidad han dictado leyes de asociaciones, comprensivas de la regulación del registro de asociaciones, las siguientes Comunidades Autónomas: ANDALUCÍA: Ley 4/2006, de 23 de junio, de Asociaciones de Andalucía (*BOE* núm. 185, de 4 de agosto de 2006); CANARIAS: Ley 4/2003, de 28 de febrero, de Asociaciones de Canarias (*BOE* núm. 78, de 1 de abril de 2003); CATALUÑA: Ley 4/2008, de 24 de abril, del Libro Tercero del Código Civil de Cataluña, relativo a las personas jurídicas (*BOE* núm. 72, de 20 de julio de 2006); COMUNIDAD VALENCIANA: Ley 14/2008, de 18 de noviembre, de Asociaciones de la Comunitat Valenciana (*BOE* núm. 294, de 6 de diciembre de 2008); PAÍS VASCO: Ley 7/2007, de 22 de junio, de Asociaciones de Euskadi (*BOE* núm. 250, de 12 de julio de 2007).

transitorio de dos años para que las asociaciones existentes adaptaran sus estatutos a los nuevos requisitos legales y para que declararan estar en situación de actividad y funcionamiento, obligaciones ambas que verificaron ante la Administración a través de los registros de asociaciones.

2. Los registros generales de asociaciones en la LODA

El objeto de los registros generales de asociaciones, y de la propia LODA, son las asociaciones de régimen común, definidas como la unión estable de tres o más personas físicas o jurídicas, que comparten conocimientos, actividades y recursos para alcanzar un fin común, lícito y no lucrativo, de interés general o particular. Por ello, al igual que en las leyes de 1887 y 1964, quedan fuera del ámbito de aplicación de la LODA las sociedades civiles y mercantiles. También se excluyen las comunidades de bienes y de propietarios, las cooperativas, mutualidades, uniones temporales de empresas y agrupaciones de interés económico, por cuanto la naturaleza de estas entidades no responde a la esencia comúnmente aceptada para las asociaciones. Para las asociaciones especiales remite a la legislación específica[17].

La LODA establece que el acuerdo de constitución, que incluirá la aprobación de los estatutos, deberá formalizarse en documento público o privado, y que a partir de este momento la asociación adquiere personalidad jurídica y plena capacidad de obrar, en tanto que opción derivada de la desaparición del sistema preventivo. Y todo ello sin perjuicio del derecho pero también del deber de inscripción en el registro correspondiente, a cuyo objeto los promotores realizarán las operaciones que resulten precisas. La LODA enfatiza que la inscripción es una «garantía», tanto para los propios socios como para los terceros que con ella se relacionan, debiéndose entender esta garantía en sentido amplio.

Sobre la base del principio de competencia territorial y material, la LODA confirmó la coexistencia entre un registro general dependiente del Estado y los registros generales de las Comunidades Autónomas, así como el mantenimiento de los registros especiales, de tal forma que nunca se produjera un solapamiento de asientos registrales respecto de una misma asociación, que únicamente podía estar inscrita en el registro general estatal, en un registro general autonómico o en un registro especial. A estos efectos, señaló la necesidad de que se establecieran los correspondientes mecanismos de cooperación y colaboración entre registros, lo que se concreta en la obligación de comunicar al registro nacional los asientos de alta y disolución de las asociaciones, y en que este registro facilitará a los registros

---

[17] Según la LODA tienen la consideración de asociaciones especiales: los partidos políticos, sindicatos, organizaciones empresariales, confesiones religiosas, federaciones deportivas, asociaciones de consumidores y usuarios, y asociaciones profesionales de militares, de guardias civiles y de jueces, magistrados y fiscales (artículos 1 y 3), para las cuales la legislación sectorial tiene establecidos los correspondientes registros especiales.

autonómicos y especiales la información que precisen para el ejercicio de sus respectivas funciones registrales.

Las funciones de los registros generales, en particular la inmatriculación, mantienen en la LODA cierta identidad con las que ya aparecían en origen en el siglo XIX. Es decir, el Registro queda facultado para examinar la solicitud de inscripción junto con el acta fundacional y los estatutos, y a raíz de esta verificación poder actuar en un doble sentido: a) si aprecia indicios racionales de ilicitud penal en la constitución de la asociación, remitirá las actuaciones al Ministerio Fiscal o al órgano jurisdiccional competente; b) si no concurre tal supuesto, comprobará el cumplimiento de los requisitos que deben reunir el acta fundacional y los estatutos, concediendo a los interesados un plazo para, en su caso, la subsanación de defectos, con especial mención sobre la posible coincidencia o similitud de denominaciones. A consecuencia de estos trámites, el Registro puede acordar la inscripción o la denegación de la inscripción. De producirse el alta o inscripción primera, las asociaciones quedan vinculadas de forma permanente con el Registro a los efectos de la actualización de aquellos datos que la Ley considera relevantes para la seguridad jurídica. Por ello, y también en gran medida como señalaba la Ley de 1887 y la posterior de 1964, otros actos de la vida asociativa de obligada inscripción son: a) las modificaciones de estatutos; b) la identidad de los miembros de la junta directiva; c) la apertura de delegaciones; d) la pertenencia a agrupaciones de asociaciones (federaciones, confederaciones o uniones) o a entidades internacionales; e) la declaración de utilidad pública; f) la suspensión; y g) la disolución de la entidad. A partir de estas actuaciones, el Registro despliega su esencial competencia de publicidad, que ejerce mediante la expedición de certificados del contenido de los asientos, notas simples informativas o copias de los asientos o de los documentos depositados.

Fuera de los procedimientos de inscripción y del ejercicio de la publicidad, los registros generales quedaron desprovistos de cualquier potestad de intervención sobre el funcionamiento de las asociaciones, remitiendo la LODA, respecto de las irregularidades o discrepancias de orden interno, a la competencia exclusiva de la jurisdicción civil.

Todos los desarrollos legales del derecho de asociación, anteriores o posteriores a 1978, han previsto un registro general de asociaciones, y la propia LODA resalta su importancia para la seguridad jurídica. Es más, proclama solemnemente en su artículo 24 que «*el derecho de asociación incluye el derecho de inscripción en el Registro de asociaciones competente*», un artículo que por haberse dictado con rango de ley orgánica (disposición final primera) no significa otra cosa que el derecho de inscripción forma parte del contenido esencial del derecho de asociación.

Con este carácter de registro general emerge el RNA, al que el artículo 25 LODA le atribuye cuatro cometidos básicos: 1º. La inscripción de las asociaciones de ámbito estatal, de aquellas cuyo ámbito territorial de actuación exceda de una Comunidad Autónoma, y de las asociaciones extranjeras que actúen de forma estable en España; 2º. Recibir, para constancia, las comunicaciones relativas a los asientos de inscripción y disolución de las asociaciones autonómicas y especiales; 3º. Comunicar la inscripción de las asociaciones extranjeras a aquellas Comunidades Autónomas donde tengan su principal ámbito de actuación; y 4º. Gestionar un fichero central de denominaciones de asociaciones para evitar la duplicidad o semejanza de nombres. Unos cometidos que se verán complementados por el complejo sistema de funciones que se analizarán en el capítulo correspondiente.

3. El Registro Nacional de Asociaciones en los desarrollos reglamentarios de la LODA

Tras la entrada en vigor de la LODA, el RNA ha cubierto dos periodos marcados por la sucesiva aprobación de sus normas reguladoras, la primera el Real Decreto 1497/2003, de 28 de noviembre, por el que se aprueba el Reglamento del Registro Nacional de Asociaciones y de sus relaciones con los restantes registros de asociaciones[18], y la segunda el Real Decreto 949/2015, de 23 de octubre, por el que se aprueba el Reglamento del Registro Nacional de Asociaciones[19].

3.1. El Real Decreto 1497/2003, de 28 de noviembre, por el que se aprueba el Reglamento del Registro Nacional de Asociaciones y de sus relaciones con los restantes registros de asociaciones

La Ley de Asociaciones de 1964 quedó expresamente derogada por la LODA y su artículo 25, en un intento también de superar la normativa reglamentaria preconstitucional, encomendó al Gobierno la determinación de la dependencia, estructura y funcionamiento del RNA. Tal previsión se cumplió con el Real Decreto 1497/2003, de 28 de noviembre, que mantuvo la dependencia del RNA en el Ministerio del Interior, diseñó una estructura registral más compleja en grupos y secciones, estableció las oportunas reglas de funcionamiento y fijó los posibles mecanismos de colaboración con otros registros de asociaciones. El Reglamento introdujo una serie de novedades, como es lógico en desarrollo de la LODA, la ley de asociaciones de la democracia, pero también se aprecia que es tributario en muchos aspectos del conjunto de normas que se aprobaron en la década de 1960, las cuales quedaron derogadas de forma expresa (Decreto 1440/1965, de 20 de mayo) o tácita (Orden de 10 de julio de 1965) en virtud de su disposición derogatoria única.

El Reglamento se dividió en tres títulos. El primero se dedicaba a los actos inscribibles y a los procedimientos de inscripción, que, promovidos, en todo caso,

---

[18] *BOE* núm. 306, de 23 de diciembre de 2003.
[19] *BOE* núm. 255, de 24 de octubre de 2015.

por los interesados, se tramitarían conforme a las reglas generales del procedimiento administrativo común de la entonces vigente Ley 30/1992, de 26 de noviembre. El segundo regulaba la estructura y funcionamiento del RNA, con especial referencia a los medios de publicidad. Y el tercero supuso un intento de normar las relaciones de cooperación y colaboración entre registros de asociaciones[20].

La norma estableció con precisión los actos susceptibles de inscripción, que eran los siguientes: a) constitución de asociaciones; b) modificaciones estatutarias; c) identidad de los titulares de la junta directiva; d) apertura, cambio y cierre de delegaciones y establecimientos; e) declaración y revocación de la declaración de utilidad pública; f) asociaciones que constituyen o integran federaciones, confederaciones o uniones de asociaciones; g) incorporación y separación de asociaciones a una federación, confederación o unión de asociaciones o a entidades internacionales; h) suspensión, disolución o baja de las asociaciones y sus causas; e i) apertura y cierre de delegaciones en España de asociaciones extranjeras.

En directa correspondencia con tales actos se regularon con cierto detalle los nueve procedimientos de inscripción, indicándose, en particular, los requisitos de la solicitud y de los documentos que debían acompañarse a la misma.

Para dar cumplimiento a los artículos 25 y 26 LODA el RNA se dotó de una amplia estructura basada en grupos de clasificación, a su vez divididos en secciones:

Grupo 1º. Asociaciones de la competencia del Registro Nacional de Asociaciones.

Sección 1ª. Asociaciones;
Sección 2ª. Confederaciones, federaciones y uniones de asociaciones;
Sección 3ª. Asociaciones juveniles;
Sección 4ª. Asociaciones extranjeras con domicilio en España.

Grupo 2º. Asociaciones de los registros autonómicos.

Sección 1ª. Asociaciones;
Sección 2ª. Confederaciones, federaciones y uniones de asociaciones;
Sección 3ª. Asociaciones juveniles.

---

[20] El artículo 51 del Reglamento disponía que el intercambio de información entre el RNA y los Registros Autonómicos se fijaría en cuanto a las condiciones, requisitos y características técnicas de las comunicaciones y documentos mediante resolución de la Secretaría General Técnica del Ministerio del Interior. Este tipo de resolución nunca llegó a dictarse. Por su parte, de entre las técnicas de «cooperación» previstas en el artículo 52 sólo se consolidó la relativa al intercambio de copias de aquellos documentos que fueran necesarios a los respectivos registros para el ejercicio de sus funciones registrales. Las demás reglas, que se referían a las comunicaciones de los Registros Autonómicos al RNA sobre asientos de altas y disoluciones y del RNA a los Registros Autonómicos sobre la apertura de delegaciones de asociaciones de ámbito estatal e internacional en sus territorios, se verificaron de forma irregular debido a que las Comunidades Autónomas decidieron, según los casos, no comunicar ni recibir datos de forma sistemática.

Grupo 3º. Asociaciones incluidas dentro del ámbito de aplicación de la Ley Orgánica 1/2002, de 22 de marzo, referidas en su artículo 25, de inscripción obligatoria en registros especiales.

Se trataba, en cualquier caso, de una estructura irreal por dos motivos. Primero, porque no todas las Comunidades Autónomas remitían datos sobre inscripción y disolución de asociaciones, y segundo, porque ninguno de los calificados como registros especiales llegaron nunca a comunicar los datos de inscripción y disolución de asociaciones. El primer supuesto respondía a la total ausencia de facultades de coordinación o poderes jerárquicos del RNA sobre los registros autonómicos, por lo que sólo sobre la base del principio de lealtad institucional las Comunidades Autónomas, no todas y de forma irregular, enviaban los datos registrales del artículo 26.2 LODA[21]. En el segundo caso, la falta de comunicación de datos respondía al hecho mismo del carácter claramente diferenciado de los registros especiales, que nunca se sintieron concernidos por el artículo 25.2 LODA[22]. De esta forma, el Grupo 2º siempre fue una base de datos incompleta, mientras que el Grupo 3º jamás tuvo contenido. La organización se completaba con el Protocolo de expedientes y el Fichero de denominaciones.

La llevanza del Registro se siguió apoyando en el sistema de hojas registrales «que contengan unidades independientes de archivo y se compongan de los espacios necesarios para la práctica de los asientos preceptivos, que podrán elaborarse por procedimientos informáticos». Las hojas registrales del Grupo 1º contenían un número único denominado «numero nacional de inscripción», y la referencia al número de expediente asignado en el protocolo, mientras que la información del resto de grupos tenía una ordenación numérica propia, sin perjuicio de hacer constar los números de inscripción asignados por los demás registros de asociaciones. Se precisó, además, el contenido concreto de tales hojas, pero sólo respecto de las Secciones del Grupo 1º, que eran las que comprendían las entidades asociativas de la estricta competencia del RNA. Para las asociaciones autonómicas y especiales de los Grupos 2º y 3º se dispuso un tratamiento básico de la información que se recibiera a los meros efectos de publicidad y, además, que la documentación que le diera soporte se conservaría por un periodo de cinco años.

El reglamento también se dedicó a detallar los documentos que, tras practicarse las respectivas inscripciones, debían quedar en depósito en el protocolo permanente.

---

[21] Artículo 26.2 LODA: «En todo caso, los Registros comprendidos en este artículo deberán comunicar al Registro Nacional de Asociaciones los asientos de inscripción y disolución de las asociaciones de ámbito autonómico». El artículo lleva por título *Registros Autonómicos de Asociaciones*.
[22] Artículo 25.2 LODA: «En el Registro Nacional de Asociaciones, además de las inscripciones a que se refiere el apartado 1, existirá constancia, mediante comunicación de la Administración competente, de los asientos de inscripción y disolución de las asociaciones cuya inscripción o depósito de Estatutos en registros especiales sea legalmente obligatorio».

La documentación depositable podía ser original o aportarse mediante certificados, pero también originales, para garantizar la autenticidad de la información.

A partir de los datos contenidos en las hojas registrales y de los documentos depositados, el RNA practicaba su esencial función de publicidad a través de los medios propios de los registros públicos, es decir, mediante certificación del contenido de los asientos, por nota simple informativa o por copia de los asientos y de los documentos, ajustándose, en su caso, a la normativa sobre protección de datos de carácter personal.

3.2. El Real Decreto 949/2015, de 23 de octubre, por el que se aprueba el Reglamento del Registro Nacional de Asociaciones

El Reglamento aprobado por el Real Decreto 1497/2003, de 28 de noviembre, rigió la estructura y funcionamiento del RNA durante casi doce años, coincidiendo con una importante vitalidad del movimiento asociativo. Sin embargo, a lo largo de este tiempo se evidenciaron algunas carencias que dieron lugar a interpretaciones normativas y criterios de actuación por parte del órgano encargado de la gestión del RNA, necesarios para garantizar la gestión diaria del mismo, pero inapropiados desde el punto de vista de la seguridad jurídica. Tales carencias lo eran tanto hacia dentro, incidiendo en su estructura, como *ad extra* manifestadas a través de los procedimientos de inscripción.

En efecto, el Reglamento de 2003 se mostraba obsoleto en muchas de sus disposiciones, se presentaba desordenado, lo que dificultaba su comprensión, recogía una estructura para el RNA que excedía de sus competencias, imponía cargas a los ciudadanos de difícil justificación, no daba respuesta a muchos actos asociativos de necesaria constancia y precisaba adaptarse a los últimos requerimientos de la administración electrónica. Los aspectos susceptibles de mejora alcanzaban a todos los capítulos del Reglamento de 2003, por lo que se descartó desde un principio su reforma parcial, toda vez que una sucesiva modificación y derogación de artículos hubiera producido una fragmentación del ordenamiento jurídico desaconsejada por la Guía metodológica para la elaboración de la memoria del análisis de impacto normativo.

Por tanto, se optó por elaborar un nuevo reglamento, que sirviera a una reforma completa y coherente, y así cumplir de forma satisfactoria los objetivos planteados y facilitar a los ciudadanos el mejor conocimiento y comprensión de la norma. Los objetivos fueron los siguientes: a) mejorar y modernizar el funcionamiento del RNA a partir de la experiencia acumulada, la recepción de los principios y reglas comunes a los registros de otras personas jurídicas y la aplicación de las nuevas tecnologías; b) simplificar la estructura del RNA; c) regular de forma clara, sin perjuicio de su exhaustividad, los procedimientos de inscripción, y simplificarlos mediante la eliminación de cargas administrativas; y d) potenciar los principios de seguridad jurídica y de publicidad para ofrecer a los ciudadanos, al resto de Administraciones públicas y a los Tribunales una información fiable, completa y actualizada sobre las entidades asociativas.

El proceso de elaboración del nuevo reglamento podría dividirse en dos etapas, la anterior y la posterior a la remisión del proyecto de real decreto a la Secretaría General Técnica del Ministerio del Interior.

Durante la primera etapa se mantuvieron sucesivas reuniones con los funcionarios del RNA para que, desde su experiencia en la gestión diaria, señalaran las posibles áreas de mejora. A partir de estos encuentros quedaron fijados las deficiencias que debían corregirse y los vacíos que debían llenarse a través de la nueva regulación. Fue en este momento cuando se comenzó a realizar un estudio detenido de la normativa de asociaciones dictada por las Comunidades Autónomas, siendo muy útiles las leyes de asociaciones del País Vasco, Cataluña y Canarias. También se revisó la jurisprudencia del Tribunal Constitucional sobre el artículo 22 de la Constitución, en particular, la dictada después de la aprobación de la LODA. E igualmente se analizó un amplio espectro de la doctrina de los autores. Todas las aportaciones resultantes sirvieron para elaborar un primer borrador, que se fue perfilando en un nuevo ciclo de reuniones con los funcionarios del RNA, para finalmente elaborarse el definitivo proyecto de real decreto que sería enviado a la Secretaría General Técnica en abril de 2014.

En la segunda etapa, que ya se corresponde con la tramitación del procedimiento normativo, se solicitó informe de los centros directivos del Ministerio del Interior, en particular, de la Dirección General de Política Interior y de la Dirección General de la Guardia Civil, de las que dependen el Registro de Partidos Políticos y el Registro de Asociaciones Profesionales de Guardias Civiles, respectivamente. A continuación se solicitó informe del resto de departamentos ministeriales, formulando observaciones los Ministerios de Justicia, de Sanidad, Servicios Sociales e Igualdad y de Hacienda y Administraciones Públicas, que contribuyeron a enriquecer el proyecto. El resto de ministerios no emitieron informe o bien lo formularon sin observaciones. El siguiente paso fue el de someter el proyecto a la Agencia Española de Protección de Datos, cuyo informe no realizó ninguna objeción a la norma.

Obtenida la aprobación previa por parte del Ministerio de Hacienda y Administraciones Públicas (artículo 67.4 de la Ley 6/1997, de 14 de abril, de organización y funcionamiento de la Administración General del Estado) y emitido informe favorable por la Secretaría General Técnica del Ministerio del Interior (artículo 24.2 de la Ley 50/1997, de 27 de noviembre, del Gobierno), el proyecto de real decreto, junto con el expediente completo, se envió al Consejo de Estado para su preceptivo dictamen (artículo 22.3 de la Ley Orgánica 3/1980, de 22 de abril, del Consejo de Estado). El Consejo de Estado emitió Dictamen nº 515/2015, de 16 de julio, realizando un reducido número de observaciones de forma y de fondo, que en su mayoría fueron incorporadas al texto de la norma, en particular, las formuladas con carácter esencial relativas al trámite de audiencia y al régimen de las asociaciones inactivas.

Conformada así la versión definitiva del real decreto, éste fue finalmente aprobado por el Consejo de Ministros en su reunión de 23 de octubre de 2015, y publicado en el Boletín Oficial del Estado al día siguiente, entrando en vigor el 1 de diciembre de 2015.

El Real Decreto 949/2015, de 23 de octubre, derogó el Reglamento de 2003, y aunque dio continuidad al RNA sobre el pilar de respetar el esquema básico que se había conformado en las últimas cuatro décadas, constituyó un avance en la configuración del RNA, señalándose, a modo de significativa novedad, que culminó la total desaparición de las dobles inscripciones mediante la eliminación de cualquier tratamiento registral de las asociaciones autonómicas y especiales. El RNA quedó así diseñado como un registro competente para la sola inscripción y publicidad de las asociaciones generales de ámbito supraautonómico y de las asociaciones extranjeras, sin perjuicio de colaborar con el resto de registros de asociaciones en el ejercicio de las funciones que les son propias.

En el texto reglamentario se advierten dos grandes bloques. En el título primero se abordan todos aquellos aspectos de organización y funcionamiento del Registro, mientras que el título segundo se dedica a los procedimientos de inscripción y a las inscripciones de oficio. Con ello de alguna manera se diferencian las cuestiones de orden interno de aquellas de mayor interés para los interesados para así facilitar el mejor entendimiento de la norma, sin perjuicio de incorporar un título preliminar de cobertura conteniendo disposiciones generales y comunes.

A pesar de que el reglamento llegó a calificar al RNA como de «registro administrativo», lo cierto es que empezó a entender que, desde una perspectiva material, que no orgánica, el registro de asociaciones había venido funcionando y ahora se debía potenciar como «registro jurídico», por lo que era necesario dotarlo de una serie de principios ordenadores, que en parte se extrajeron de entre aquellos que son comunes a los registros de personas. De esta manera se establecieron cinco principios de actuación: legalidad, legitimación, tracto sucesivo, integridad y publicidad (art. 4). Por su importancia, se reproduce *in extenso* el artículo 4: «*El Registro queda sujeto a los siguientes principios de actuación: a) Legalidad: el Registro calificará la legalidad de las formas extrínsecas de los documentos en cuya virtud se solicite la inscripción y la validez de su contenido; b) Legitimación: el Registro verificará la capacidad y legitimación de las personas que otorguen o suscriban los documentos en cuya virtud se solicite la inscripción; c) Tracto sucesivo: para inscribir actos modificativos o extintivos de otros otorgados con anterioridad será necesaria la previa inscripción de éstos; d) Integridad: corresponde al Registro el tratamiento del contenido de los asientos y velar por que se apliquen las medidas adecuadas para impedir su manipulación; e) Publicidad: el Registro hace públicos la constitución, los estatutos, los órganos de representación de las asociaciones y demás actos inscribibles*».

Se añadieron también dos reglas de eficacia claramente identificables en los registros públicos. Por un lado, que el Registro se presume exacto y válido, y que los asientos producirán efectos hasta tanto no se anote la resolución judicial o administrativa que declare su inexactitud o nulidad. Por otro, que los asientos no convalidan los actos o negocios jurídicos de las asociaciones que sean nulos con arreglo a las leyes.

El objeto del RNA no varió sustancialmente, por lo que éste siguió contraído al género, es decir, a la asociación pura, y no las distintas especies en que se desglosa[23]. En concreto, para el RNA continuó siendo entidad inscribible la asociación, federación, confederación o unión de asociaciones, de régimen general y ámbito estatal, así como las delegaciones de las asociaciones extranjeras, todas ellas sin afán de lucro. Sobre estas entidades el Registro venía a cumplir las funciones siguientes: a) inscribir los actos que debían acceder al mismo; b) depositar la documentación preceptiva; y c) dar publicidad a los asientos y documentos.

La estructura del RNA experimentó una significativa simplificación acorde con la delimitación de su objeto, quedando organizado solamente en secciones:

Sección 1ª. Asociaciones;
Sección 2ª. Federaciones, confederaciones y uniones de asociaciones;
Sección 3ª. Asociaciones juveniles;
Sección 4ª. Delegaciones en España de asociaciones extranjeras.

Las Secciones 1ª, 2ª y 3ª tuvieron por objeto agrupar y ordenar las asociaciones, federaciones, confederaciones y uniones de asociaciones de ámbito estatal, y de todas aquellas de ámbito supra autonómico, así como las asociaciones juveniles de igual ámbito de actuación. La inclusión de una sección diferenciada para las asociaciones juveniles no derivó de su eventual carácter de asociación especial, sino del hecho de disponer de normativa propia sobre su inscripción. La Sección 4ª se previó para agrupar y ordenar las asociaciones extranjeras con delegación en España.

A la altura de 2015 la norma declaró que el RNA utilizaría sistemas basados en tecnologías de la información y las comunicaciones para la gestión de los procedimientos, la práctica y gestión de los asientos registrales y el almacenamiento de la información, así como en sus relaciones con los ciudadanos.

En línea con la aproximación a los registros jurídicos, por primera vez desde 2002 se identificaron los cuatro tipos de asientos del RNA: a) inscripciones; b) notas marginales; c) anotaciones provisionales; y d) cancelaciones. Con ello se superaba el estrecho margen de actuación que anteriormente permitían las dos únicas clases de anotaciones, es decir, inscripción y subsanación de errores. Unos asientos a practicar

---

[23] Queda fuera del RNA cualquier otra entidad de base asociativa: las asociaciones especiales por presentar fines cualificados o asumir funciones públicas; las sociedades por constituirse al margen del artículo 22 CE y vincularse a la disciplina mercantil, con independencia de tener o no lucro subjetivo; y las corporaciones por mediar una norma estatal en su creación.

en la renombrada «hoja registral electrónica», cuyo contenido, según las distintas Secciones, de detalló de forma precisa.

En concreto, las hojas registrales de las Secciones 1.ª, 2.ª y 3.ª contendrán los siguientes datos de la entidad asociativa: a) la denominación; b) el Número de Identificación Fiscal, en su caso; c) fines y actividades estatutarias en forma codificada; d) el domicilio; e) ámbito territorial de actuación; f) la identidad del presidente o representante legal y del secretario o persona con facultad para certificar acuerdos sociales, y la razón social o denominación cuando sean personas jurídicas; g) la fecha de constitución y la de inscripción; h) la apertura y cierre de delegaciones o establecimientos, con indicación del domicilio; i) la declaración y revocación de la condición de utilidad pública y la fecha de su publicación en el «Boletín Oficial del Estado»; j) la pertenencia a federaciones, confederaciones y uniones de asociaciones, así como a entidades internacionales; k) en caso de federaciones, confederaciones y uniones, las entidades que la integran; l) los acuerdos de transformación y fusión; m) las resoluciones judiciales que afecten a actos susceptibles de constancia registral; n) la baja y sus causas; ñ) la suspensión o disolución y sus causas, indicando la autoridad judicial cuando ésta la hubiera acordado, y el nombramiento de liquidadores, en su caso; y o) el cierre provisional o definitivo de la hoja, la fecha y su causa.

Las hojas registrales de la Sección 4.ª, para las asociaciones extranjeras válidamente constituidas conforme a su ley personal y a la LODA, contendrán los siguientes datos: a) la denominación y nacionalidad; b) el Número de Identificación Fiscal, en su caso; c) fines y actividades estatutarias en forma codificada; d) el domicilio principal de la delegación en España; e) ámbito territorial de actuación; f) la fecha del acuerdo de apertura de la delegación en España y la fecha de inscripción en el Registro Nacional de Asociaciones; g) la identidad del representante en España, y la razón social o denominación cuando éste sea persona jurídica; h) la apertura y cierre de otras delegaciones o establecimientos, con indicación del domicilio; i) las resoluciones judiciales que afecten a actos susceptibles de constancia registral; j) el cese de las actividades de la asociación en España; k) la suspensión o disolución de la asociación extranjera; y l) el cierre provisional o definitivo de la hoja, la fecha y su causa.

Se especificó que el RNA haría efectiva la publicidad mediante certificado del contenido de los asientos, nota simple informativa, copia de los asientos o de los documentos depositados, y a través de listados, siempre respetando la normativa sobre protección de los datos personales que pudieran constar en los documentos privados o públicos, incluidos las resoluciones judiciales, que hubieran accedido al Registro. También, bajo el epígrafe de «archivo de documentación», se dio continuidad al protocolo, señalándose que, con independencia del formato de la documentación presentada por los interesados, el RNA conservará copia electrónica de la misma en las condiciones de seguridad e interoperabilidad que establece la normativa vigente.

Otras destacables novedades del Reglamento fueron las siguientes: a) se ofrece por primera vez el concepto de federación, confederación y unión, es decir, entidades asociativas de segundo grado que sólo pueden estar promovidas por personas jurídicas de naturaleza asociativa, en un mínimo de tres, e inscritas en el correspondiente registro de asociaciones; b) se potencia el Fichero de Denominaciones, cuyo objeto es dar a conocer las entidades inscritas en los registros de asociaciones, a fin de evitar la duplicidad o semejanza de nombres, así como se recogen con cierto detalle un conjunto de criterios a tener en cuenta por las entidades asociativas en el momento de establecer su denominación, así como por el propio Registro para abordar con garantías las subsanaciones que, en su caso, resulten necesarias; c) se cubre un importante vacío legal mediante la regulación de las fusiones y transformaciones de asociaciones, contemplándose tanto la fusión entre dos o más asociaciones para crear una nueva, como la fusión por absorción e incluyéndose como transformación tanto la modificación del ámbito territorial de actuación, de estatal a autonómico y viceversa, como el cambio de régimen jurídico de la asociación; y d) se distingue entre las inscripciones practicadas a solicitud de los interesados de aquéllas que se realizan de oficio (entre estas últimas se encuentran las inscripciones ordenadas por Juzgados y Tribunales y las que se refieren a la declaración y revocación de utilidad pública de las asociaciones).

También es reseñable la regulación de dos importantes cuestiones referidas a la actividad de asociaciones, como son: a) la habilitación al Registro para tomar constancia, mediante nota marginal, de la falta de presentación de la declaración de actividad y funcionamiento exigida por el apartado 2 de la disposición transitoria primera de la LODA respecto de aquellas asociaciones constituidas conforme a la Ley 191/1964, de 24 de diciembre, de Asociaciones; y b) la publicación, como anexo del Reglamento, de los Códigos de actividades de las asociaciones[24], con el objeto de favorecer la publicidad registral y la función estadística.

Y, finalmente, la entrada en vigor del Reglamento operó una discreta reducción de cargas administrativas para la ciudadanía, concretada en los siguientes aspectos: a) eliminación de la obligación de presentar el acta fundacional y los estatutos por duplicado en los procedimientos de inscripción de constitución de asociaciones, federaciones, confederaciones y uniones de asociaciones; b) eliminación de la obligación de presentar el acta fundacional y los estatutos por triplicado en los procedimientos de inscripción de constitución de asociaciones juveniles; c) eliminación, con carácter general, de la obligación de presentar un certificado acreditativo de la traducción al castellano de la denominación de la entidad; d) eliminación del deber de doble inscripción para las asociaciones para defensa de los intereses generales de los consumidores y usuarios;

---

[24] Se establecieron diez grupos de actividades a partir de criterios de experiencia, los cuales, a su vez, presentan dos niveles de desglose para una más precisa identificación de la actividad social.

e) eliminación de la obligación de presentar los nuevos estatutos por duplicado en los procedimientos de inscripción de modificación de estatutos; y f) eliminación de la obligación de comunicar al RNA las resoluciones judiciales que acuerdan la suspensión de actividades o disolución de las asociaciones, que se configuran ahora como inscripciones de oficio por la Administración.

En definitiva, un avanzado y completo reglamento que a finales de 2025 cumplirá diez años de vigencia, siendo previsible que se proyecte en el tiempo como norma reguladora de referencia sin necesidad de ser básicamente modificada, más allá de la posibilidad de actualizar por orden ministerial el anexo relativo a los códigos de actividades de las asociaciones (disposición final cuarta), para añadir aquellas que van emergiendo del inevitable progreso social, económico o tecnológico.

Capítulo V. La adscripción del Registro Nacional de Asociaciones al Ministerio del Interior: de la Dirección General de Política Interior a la Secretaría General Técnica

El Ministerio del Interior surge a principios del siglo XIX como departamento encargado de la plena gobernación del reino y como un instrumento de la revolución liberal para procurar el progreso de la nación. Su actual configuración es el resultado de un largo proceso en el que los gobiernos, en cada momento, han adaptado su denominación, estructura y competencias a la realidad política, económica y social del país, evolucionando desde la asunción de un extenso elenco de funciones hasta centrarse en proteger la seguridad, entendida en un sentido amplio, así como en garantizar los derechos y libertades de los ciudadanos. Pues bien, participando de esa inicial vocación globalizadora, y frente a las vicisitudes de otras unidades administrativas, afectadas por la mutabilidad orgánica que se deriva de los propios cambios en la estructura política, el registro de asociaciones se vinculó y se ha mantenido invariablemente bajo la dependencia del Ministerio del Interior. Cuando apareció en 1887, con el carácter de registro provincial, se adscribió a los Gobiernos Civiles, y cuando en 1964 se creó un registro central, éste se ubicó en la Dirección General de Política Interior[25]. Tanto los gobiernos civiles como esta dirección general pertenecían a la estructura orgánica del Ministerio de la Gobernación. A partir de la década de 1980, y ya bajo la denominación de Ministerio del Interior dada por el Real Decreto 1558/1977, de 4 de julio[26], los registros provinciales fueron desapareciendo al mismo ritmo que surgían los registros de asociaciones de las Comunidades Autónomas, que los sustituyeron en los respectivos territorios. Quedó en el ámbito de la Administración del Estado el Registro Nacional de Asociaciones, que en 1990 pasó a depender de la Secretaría General Técnica, donde permanece en la actualidad.

El RNA nace con la Ley de Asociaciones de 1964 y el posterior Decreto de 20 de mayo de 1965 lo adscribe a la Dirección General de Política Interior del entonces Ministerio de la Gobernación, dictándose después la Orden de 25 de junio de 1965 por la que se delegan en el Director general Política Interior facultades en materia de

---

[25] Artículo 1º de la Orden de 10 de julio de 1965 por la que se regula el funcionamiento de los Registros de Asociaciones (*BOE* núm. 165, de 23 de julio de 1965).

[26] *BOE* núm. 59, de 5 de julio de 1977.

asociaciones[27]. En ese momento, la dirección general presentaba competencias de orden político y coordinación de la administración periférica, por lo que el enfoque orgánico era coherente con la idea de un registro pensado para el control de las asociaciones, que además, en general, se inscribían en los registros provinciales de los Gobiernos Civiles. Por ello, no llegó ni a plantearse que el RNA se llevara en la Secretaría General Técnica, creada cuatro años antes, en 1960, con funciones de estudio y documentación, asistencia técnica y formulación de planes generales de actuación.

Imágenes 1 y 2. Fachada y pasillo principal de la tercera planta del edificio de la calle Amador de los Ríos, 7, de Madrid, sede del Registro Nacional de Asociaciones entre 1965 y 1990.

La Ley de Régimen Jurídico de la Administración del Estado de 1957 había introducido importantes modificaciones en la organización de la Administración Central y previó en su exposición de motivos «*la posibilidad de establecer en los Ministerios civiles una Secretaría General Técnica, que tendrá a su cargo el estudio y documentación de las materias propias del Departamento, así como la formulación de los planes generales de actuación y la coordinación de los planes particulares de los distintos centros directivos*», lo que llegó a considerarse la más importante de las innovaciones de la citada Ley. En uso de la facultad legal, el Decreto 1841/1960, de 21

[27] *BOE* núm. 172, de 20 de julio de 1965.

de septiembre[28], creó la Secretaría General Técnica del Ministerio de la Gobernación, *«lo que se justificó por el volumen de los servicios dependientes del Ministerio y su amplia proyección en el territorio nacional. Nació como órgano de estudio para la programación, organización y coordinación de los servicios del Departamento, y entre sus funciones estaban las de prestar asistencia técnica y administrativa al ministro y al subsecretario, sugerir reformas para mejorar la organización y métodos de trabajo a fin de que los distintos servicios pudieran actuar con la máxima economía, celeridad y eficacia, fomentar la normalización y simplificación de documentos, y la progresiva mecanización y automatismo de los servicios, elaborar o informar los proyectos de modificación orgánica de los servicios, conocer de todas las disposiciones de carácter general emanadas del Ministerio, preparar compilaciones, refundiciones o revisiones de textos legales vigentes, impulsar la formación y perfeccionamiento de los funcionarios, dirigir las Oficinas de Información, cuidar de las publicaciones técnicas, crear un centro de documentación y gestionar la biblioteca, asumir la estadística y mantener contactos con los servicios que en el extranjero realizaran análogas funciones a las del Departamento»*[29]. La Ley de Procedimiento Administrativo de 1958 ya había atribuido a las secretarías generales técnicas la destacada función de, en el seno del procedimiento normativo, informar preceptivamente las disposiciones de carácter general.

Como hemos indicado, este marco competencial no permitía un racional encaje del RNA en la Secretaría General Técnica. Pero la singular extensión de sus funciones a partir de una cierta idea de órgano residual derivada, a su vez, de una concepción amplia de los servicios horizontales que le eran inherentes, determinó que con el tiempo se le fueran adscribiendo atribuciones de muy distinto carácter. Un ejemplo de esto lo constituyó el traspaso en 1990 del RNA desde la Dirección General de Política Interior a la Secretaría General Técnica.

Pero antes de llegar a dicho traspaso veamos brevemente la evolución de la «sección de asociaciones», que fue ganando protagonismo dentro de la estructura de la Dirección General de Política Interior al ritmo de la creciente importancia del derecho de asociación, hasta el punto de llegar a convertirse en subdirección general.

El Decreto 986/1974, de 5 de abril, por el que se reorganiza el Ministerio de la Gobernación, estructuró la Dirección General en la Subdirección General de Política Interior, la Subdirección General de Población y la Secretaría General. La Subdirección General de Política Interior era competente para la gestión de los asuntos derivados de las relaciones de la Dirección General con los Gobiernos Civiles y de los asuntos relacionados con el ejercicio del derecho asociación, y contaba con los siguientes servicios: Servicio de Asuntos Políticos; Servicio de Asociaciones; y Servicio de

---

[28] *BOE* núm. 244, de 11 de octubre de 1960.
[29] Cfr. ROJAS JUÁREZ, J.R. y DE ANDRÉS DÍAZ, R., *Ministerio del Interior. Dos siglos de historia.* Ministerio del Interior, 2015, pág. 158.

Información. El posterior Decreto 2614/1976, de 30 de octubre, por el que se introducen modificaciones en la estructura orgánica del Ministerio de la Gobernación[30], se adapta al incipiente reconocimiento del derecho de asociación política y establece una nueva organización para la Dirección General de Política Interior, elevando el rango del servicio de asociaciones al de subdirección general. En concreto, se organizó en la Secretaría General, la Subdirección General de Política Interior y la Subdirección General de Asociaciones, a la que le correspondía lo concerniente a la tramitación, reconocimiento y régimen jurídico de asociaciones y cuantas incidencias se referían a la vida asociativa, con los servicios de: Asociaciones, del que dependía el RNA; Registro de Asociaciones Políticas; y Asociaciones de Interés Local. Esta subdirección general se mantuvo en el Real Decreto 3074/1981, de 27 de noviembre, por el que se reestructura la Dirección General de Política Interior[31].

Sin embargo, el RNA abandonó la Dirección General de Política Interior por un motivo evidente. La Constitución de 1978 marcó un punto y aparte entre un registro de asociaciones de control y un registro de asociaciones de publicidad, y desde entonces no casaba bien que el renovado RNA quedara bajo la dependencia de un órgano como la Dirección General de Política Interior, que aún conservaba, al menos formalmente, atribuciones de reconocimiento e intervención sobre las asociaciones. La norma que verificó el traslado fue el Real Decreto 901/1990, de 13 de julio, por el que se reestructura la Subsecretaría del Ministerio del Interior y los Centros Directivos dependientes de ella[32], manifestando su preámbulo que se dictaba para hacer frente a la variación de la importancia relativa de las distintas competencias, responder a la aparición de funciones nuevas, como la referentes a los partidos políticos, los procesos electorales o los juegos de azar «y a la práctica extinción de algunas otras, como las de control de la organización y funcionamiento de las asociaciones».

En efecto, para entonces el registro de las asociaciones ya no era un servicio de control sino sólo de constancia y publicidad, por lo que se ubicó en el centro directivo que se estimó más adecuado, siendo este la Secretaría General Técnica, y dentro de la misma en la Vicesecretaría General Técnica, cuyas funciones eran las de tramitación de disposiciones generales y de gestión de la Comisión Interministerial Permanente de Armas y Explosivos.

En este mismo año de 1990 se producirían también dos destacados cambios. Por un lado, la Secretaría General Técnica, que había permanecido bajo la dependencia directa del Ministro desde 1960, pasó a integrarse bajo la dependencia del Subsecretario con motivo de la reorganización general de la Subsecretaría del Departamento. Por otro, la ubicación física del RNA, situada desde 1965 en la tercera planta del edificio de la calle Amador de los Ríos, número 7, se trasladó en agosto de 1990 al edificio de la calle Cea Bermúdez, número

---

[30] *BOE* núm. 277, de 18 de noviembre de 1976.
[31] *BOE* núm. 308, de 23 de diciembre de 1981.
[32] *BOE* núm. 69, de 16 de julio de 1990.

35, de Madrid, que había sido sede central de la Dirección General de Tráfico. A diferencia del primero, edificio de referencia y uso exclusivo del Ministerio del Interior, el segundo es un edificio de viviendas donde el Ministerio del Interior tiene alquiladas las plantas baja y primera, en cuyas instalaciones, como decimos, trabajan hoy los empleados del RNA.

Imágenes 3, 4, 5 y 6. Puerta de entrada y despachos del edificio de la calle Cea Bermúdez, 35, de Madrid, sede del Registro Nacional de Asociaciones desde 1990.

Años más tarde, cuando ya había prácticamente concluido el proceso de transferencias del Estado a las Comunidades Autónomas en materia de asociaciones, la Ley 6/1997, de 14 de abril, de organización y funcionamiento de la Administración General del Estado, determinó, por un lado, la definitiva consolidación de las secretarías generales técnicas, al ser uno de los tres órganos preceptivos de los departamentos ministeriales[33], y por otro, la desaparición, tras más de ciento sesenta años, de los Gobiernos Civiles, de los que tradicionalmente dependían los registros provinciales de asociaciones. Como hemos apuntado, sólo quedaría en la esfera del Estado el RNA, en concreto, en la Secretaría General Técnica del Ministerio del Interior[34].

Estos cambios supusieron la desaparición de la Subdirección General de Asociaciones y conllevaron el ocultamiento dentro de la Vicesecretaría General Técnica de un servicio de gran impacto en la ciudadanía como era el registro estatal de asociaciones. No mayor visibilidad alcanzó cuando en 1998 el RNA pasó a integrarse en la recién creada «Subdirección General de Estudios y Relaciones Institucionales» dependiente de la Secretaría General Técnica[35].

En esta situación funcional y orgánica se dictó la Ley Orgánica 1/2002, de 22 de marzo, reguladora del Derecho de Asociación, cuyo artículo 25 avaló la existencia del Registro Nacional de Asociaciones, pero no se pronunció sobre el departamento competente para su gestión, remitiendo a la determinación reglamentaria su «estructura y funcionamiento». Con esta habilitación, el Reglamento aprobado por Real Decreto 1497/2003, de 28 de diciembre, estableció en su artículo 29 que «el Registro Nacional de Asociaciones radicará en Madrid y tendrá carácter unitario en todo el territorio del Estado», añadiendo que «estará bajo la dependencia orgánica del Ministerio del Interior, como unidad administrativa adscrita a la Secretaría General Técnica». Desde entonces todos los reales decretos de estructura del departamento han recogido esta competencia y, por supuesto, el Reglamento aprobado por el Real Decreto 949/2015, de 23 de octubre, igualmente dispone en su artículo 3 que «el Registro Nacional de Asociaciones es un registro público, de carácter administrativo y único para todo el territorio del Estado» y que «el órgano encargado de su gestión tiene su sede en Madrid y depende de la Secretaría General Técnica del Ministerio del Interior».

La única novedad reseñable desde la Ley Orgánica 1/2002, de 22 de marzo, atiene a un aspecto denominativo. La Subdirección General de Estudios y Relaciones Institucionales, creada en 1998, cambió de nombre entre 2012 y 2014 con el fin de

---

[33] La vigente Ley 40/2015, de 1 de octubre, de Régimen Jurídico del Sector público, reproduce en su artículo 58.2 lo que ya disponía el artículo 9.2 de la LOFAGE, estableciendo: «Los Ministerios contarán, en todo caso, con una Subsecretaría, y dependiendo de ella una Secretaría General Técnica, para la gestión de los servicios comunes previstos en este Título».

[34] Los Registros de Asociaciones de Ceuta y Melilla dependen de las respectivas Delegaciones del Gobierno de España.

[35] Real Decreto 2823/1998, de 23 de diciembre.

reflejar mejor sus funciones y tuvo el acierto de utilizar el término «asociaciones», contribuyendo hacia el exterior a un mayor impacto de este servicio público[36]. En la actualidad el RNA, como unidad administrativa con rango de «servicio», está adscrito al Área de Asociaciones de la Subdirección General de Asociaciones, Archivos y Documentación de la Secretaría General Técnica del Ministerio del Interior, como así aparece en el artículo 10.2.ñ) del Real Decreto 207/2024, de 27 de febrero, por el que se desarrolla la estructura orgánica básica del Ministerio del Interior, manteniendo su localización en la calle Cea Bermúdez, nº 35, de Madrid.

---

[36] Artículo 8 del Real Decreto 400/2012, de 17 de febrero, modificado por el Real Decreto 873/2014, de 10 de octubre.

Capítulo VI. Las funciones del Registro Nacional de Asociaciones

Conforme a la trayectoria y normativa ya vistas, en el momento presente se pueden identificar y describir las cuatro funciones principales del RNA, que son las de procedimiento, registro, publicidad y contabilidad. La función de procedimiento, previa presentación de la solicitud de inscripción por los interesados, consiste en la tramitación de un procedimiento administrativo con sus fases de instrucción y resolución, siendo esta última, en caso de ser favorable, el presupuesto y la base ineludible para la anotación registral, es decir, para que el Registro inscriba por vez primera a las asociaciones y anote después, previa nueva solicitud de los interesados, los actos de la vida asociativa que la Ley reputa relevantes para la seguridad jurídica. Esta actividad de inscripción/anotación, con la consiguiente llevanza de la hoja registral, así como el depósito de documentos, conforman la llamada función de registro. Con estas bases, el Registro ya puede ejercer su función esencial de dar publicidad a lo inscrito y depositado. A todas ellas se añade la función de contabilidad respecto de las asociaciones declaradas de utilidad pública.

1. La función de procedimiento

1.1. Aspectos generales

La primera función del Registro es la que se cursa a través de un procedimiento administrativo que termina con la correspondiente resolución de inscripción. Nos encontramos aquí con procedimientos iniciados a solicitud de los interesados, dirigidos a la inscripción de la constitución y disolución de la entidad, y de todas aquellas intermedias que suponen una actualización de los datos registrales, bien por haberse modificado los originales o bien por haberse producido nuevos actos asociativos. Estas distintas inscripciones promovidas por los promotores o por los representantes, según los casos, son las siguientes: a) constitución de asociaciones, federaciones, confederaciones y uniones de asociaciones; b) modificación de estatutos; c) transformación de asociaciones; d) identidad de los titulares de la junta directiva; e) apertura y cierre de delegaciones y establecimientos; f) incorporación y separación de asociaciones a federaciones, confederaciones y uniones, o de cualquiera de éstas a entidades internacionales; g) fusión de asociaciones; y h) disolución de asociaciones.

Para todos estos supuestos, como decimos, se instruye un procedimiento previa solicitud ajustada a los requisitos generales de la Ley 39/2015, de 1 de octubre, del procedimiento administrativo común de las Administraciones Públicas, y específicos exigidos por la normativa reguladora del derecho de asociación. A dicha solicitud debe acompañarse la documentación que en cada caso proceda, y también en algunos supuestos el documento acreditativo del pago de la tasa correspondiente. Este tributo se creó por la Ley 13/1996, de 30 de diciembre, de medidas fiscales, administrativas y del orden social, si bien no resulta exigible en los procedimientos de inscripción de juntas directivas y de disolución de las asociaciones[37].

La solicitud se presentará a través de la sede electrónica del Ministerio del Interior y en el plazo de un mes desde que se produzca el hecho asociativo, a excepción de la inscripción de alta de la asociación, cuya solicitud se podrá presentar en cualquier fecha a partir de la asamblea constitutiva.

Recibida la documentación, el Registro procede a su estudio para verificar si reúne todos los requisitos exigidos en la LODA y su Reglamento de desarrollo. De no ser así se requerirá al interesado para que, en un plazo de diez días, subsane la falta, o acompañe o rectifique la documentación obligatoria. El Registro, para mejor acordar o resolver, también puede solicitar informe de aquellos órganos u organismos que guarden relación con los fines sociales de la asociación. Instruido el expediente, en su caso, se practicará un trámite de audiencia por un nuevo plazo de diez días.

La persona titular de la Secretaría General Técnica dictará resolución motivada acordando o denegando la inscripción. Esta se podrá denegar por no tener la entidad solicitante la naturaleza jurídica de asociación, por tenerla pero no estar incluida en el ámbito de aplicación de la LODA o por estar dentro de su ámbito de aplicación pero no cumplir los requisitos legal y reglamentariamente establecidos. De dictarse resolución favorable a la inscripción, la misma será expresiva del acto susceptible de acceder al RNA e indicará que se practica a los solos efectos de publicidad, por lo que, por sí misma, no exonera a los interesados de cumplir la normativa vigente reguladora de las actividades necesarias para el desarrollo de los fines estatutarios. La expresión «a los solos efectos de publicidad» no anula la evidencia de que la inscripción tiene otros muchos efectos, por lo que la misma, para su correcto entendimiento, se ha de poner en relación directa con el artículo 13.1 LODA, en la perseguida finalidad de que las asociaciones, por el solo hecho de estar inscritas en el Ministerio del Interior, no se sientan eximidas del cumplimiento de la normativa sectorial que les resulte aplicable.

Cualquiera que sea su carácter, la resolución se notificará a los interesados, y de ser favorable irá acompañada de la documentación que proceda debidamente diligenciada

---

[37] En 2025 la tasa por inscripción de asociaciones es de 38,89 euros; por inscripción de federaciones, confederaciones y uniones de 58,36 euros; por inscripción de delegaciones en España de asociaciones extranjeras de 38,89 euros; por inscripción de modificación de estatutos de 19,50 euros; por inscripción de adaptación de estatutos de 19,50 euros; y por inscripción de apertura/cambio de delegaciones o establecimientos, y por incorporación a federación, confederación o unión de 19,50 euros. Esta obligación tributaria debe verificarse por los interesados, debiendo adjuntar a la respectiva solicitud de inscripción el documento acreditativo del ingreso en el Tesoro Público (modelo de autoliquidación, código 017).

por el Registro. Al ser la asociación sujeto obligado a la relación electrónica, según se deriva del artículo 5.2 LODA en relación con el artículo 14.2 de la Ley 39/2015, de 1 de octubre, todas las notificaciones se practican a través de la plataforma Notific@.

El plazo de resolución de todos los procedimientos de inscripción es de tres meses contado desde la fecha de entrada de la solicitud en el Ministerio del Interior. Transcurrido dicho plazo sin haberse dictado resolución expresa el interesado podrá entender estimada su solicitud por virtud del régimen del silencio positivo. No obstante, el procedimiento quedará suspendido durante el tiempo del trámite de subsanación de defectos en todos los casos y, además, cuando se encuentren indicios racionales de ilicitud penal en los procedimientos de inscripción de constitución de asociaciones españolas, de delegaciones extranjeras, de modificaciones de estatutos y de transformación de asociaciones, desde la fecha de la resolución motivada por la que se remitan las actuaciones al Ministerio Fiscal o al órgano jurisdiccional competente.

Las resoluciones de los procedimientos de inscripción no ponen fin a la vía administrativa y contra las mismas se podrá interponer recurso de alzada ante la persona titular de la Subsecretaría del Interior, cuya resolución, a su vez, puede ser impugnada en la vía contencioso-administrativa.

1.2. Inscripción de asociaciones españolas y extranjeras

Para el caso del alta o inscripción primera de las *asociaciones españolas*, resultan obligados a presentar la solicitud los promotores de las mismas, por virtud del artículo 22 CE y artículo 10.3 LODA. Sin perjuicio de otra documentación específica y complementaria que pudiera resultar necesaria, como los documentos autorizatorios de uso del nombre o del domicilio social, el Registro verifica la forma y contenido de dos documentos básicos, el acta fundacional y los estatutos.

El acta fundacional ha de contener: a) el nombre y apellidos de los promotores, si son personas físicas, la denominación o razón social si son personas jurídicas, y en ambos casos la nacionalidad y el domicilio; b) la voluntad de los promotores de constituir la asociación, los pactos que, en su caso, hubiesen establecido y la denominación de la asociación; c) los estatutos; d) lugar y fecha de otorgamiento del acta y firma de los promotores, o de los representantes en caso de personas jurídicas; y e) designación de los órganos provisionales de gobierno.

Los estatutos deberán tener el contenido mínimo siguiente: a) la denominación de la asociación; b) el domicilio; c) el ámbito territorial principal de actuación; d) la duración, cuando la asociación no se constituya por tiempo indefinido; e) los fines y actividades, descritos de forma precisa; f) los requisitos de admisión y baja, sanción y separación de los socios, y en su caso clases de éstos; g) los derechos y deberes de los socios; h) los criterios que garanticen el funcionamiento democrático de la asociación; i) los órganos de gobierno y representación, y su régimen de funcionamiento; j) el régimen de administración, contabilidad y documentación, así como la fecha de cierre del ejercicio asociativo; k) el patrimonio inicial y los recursos económicos; l) las causas de disolución y destino del patrimonio en tal supuesto. Los estatutos, además, podrán contener otras disposiciones, siempre que no sean contrarias a las leyes ni contradigan los principios configuradores del derecho de asociación. Los estatutos deberán estar firmados por todos los promotores.

Para la inscripción de las entidades de segundo grado (federaciones, uniones y confederaciones) rigen las mismas reglas que para la inscripción de las asociaciones, aunque con algunas peculiaridades recogidas en el RRNA. La solicitud la deberá presentar, al menos, una de las entidades promotoras y en cuanto a la documentación aneja se introducen los siguientes matices: a) en el acta fundacional deberán constar la denominación, número de inscripción y domicilio de cada una de las entidades asociativas promotoras, así como los datos de identidad de los representantes de las mismas; b) por cada una de las entidades que formen la federación, confederación o unión se aportará el acuerdo adoptado para su integración, y la designación de la persona que las represente en el acto constitutivo; y c) los estatutos deberán estar firmados por los representantes de todas las entidades promotoras.

La resolución de inscripción de alta asignará a la entidad un número único denominado «número nacional de inscripción», que la identificará dentro de las respectivas secciones del RNA, e irá acompañada, en garantía de la propia entidad asociativa, de una copia de los estatutos con una marca en todas sus páginas y una diligencia al final del documento expresando la fecha de depósito en el Registro.

La inscripción primera o inmatriculación no significa más que inscribir la constitución o fundación de las entidades asociativas y supone el acceso o ingreso de las mismas en el registro de asociaciones. Será esta fecha de inscripción la que marque el inicio de un proceso de permanente relación entre la entidad y el Registro, en virtud del cual se deberán anotar cuantos actos de la vida social sean legal o administrativamente considerados relevantes para los propios socios y para terceros, incluida la disolución. Es la «actualización de datos» a que se refiere el artículo 28.4 LODA, que se dispone para asegurar la continua correspondencia entre la realidad asociativa y la realidad registral.

Respecto de las *asociaciones extranjeras*, un rasgo característico que diferencia al RNA del resto de registros generales de asociaciones es la competencia exclusiva para tomar constancia de las delegaciones en España de asociaciones extranjeras, como así resulta con toda claridad del artículo 25.1.b) LODA. En concreto, las asociaciones extranjeras que actúen en España de forma estable o duradera vienen obligadas a comunicar al RNA la apertura, traslado o cierre de delegaciones en territorio español. En el supuesto de apertura de delegaciones, a la solicitud deberá acompañarse la siguiente documentación: a) la justificativa de que se encuentra válidamente constituida la asociación con arreglo a su ley personal, mediante la aportación del documento que acredite la vigencia de la inscripción, aprobación, legalización o reconocimiento, expedida por la autoridad competente del país de origen; b) los estatutos o documento análogo que regule la organización y funcionamiento de la asociación; c) el acuerdo del órgano competente de la asociación por el que se apruebe abrir una delegación España y su fecha de adopción; d) la acreditativa de la identidad de los representantes en España y la justificativa de sus facultades de representación; y e) el domicilio de la delegación en España. La documentación referida en las letras a) y b) deberá presentarse debidamente legalizada conforme a la normativa sobre legalización de documentos públicos extranjeros[38], y toda en su conjunto será presentada por los interesados en lengua castellana. Una vez inscritas, las asociaciones extranjeras quedan igualmente obligadas a solicitar la actualización de sus datos. En particular, cuando se trate del traslado de delegaciones dentro de España, a la solicitud deberá acompañarse el acuerdo del órgano competente de la asociación por el que se decida trasladar la delegación e indique el nuevo domicilio. Cuando se trate del cierre de delegaciones, a la solicitud deberá acompañarse el acuerdo del órgano competente de la asociación por el que se decida cerrar la delegación en España, con indicación de la fecha de efectos de la clausura.

1.3. Inscripción de los cambios asociativos y de la disolución

Una vez que las asociaciones se registran y comienzan a desarrollar su actividad, es natural que experimenten variaciones en su organización y funcionamiento, derivadas tanto de necesidades de adaptación como del cumplimiento de obligaciones legales. Muchos de esos cambios son considerados por la Ley como relevantes para la seguridad jurídica, por lo que, en garantía de todos, quedan sujetos al deber de inscripción y consiguiente publicidad. En todos estos casos, las solicitudes que han de formular los representantes se deben presentar ante el RNA en el plazo de un mes desde la aprobación del acuerdo social respectivo. Ocurre, sin embargo, que el incumplimiento de este plazo es generalizado y el Reglamento de 2015 tuvo el acierto de, por supuesto, no ligarle ningún efecto desfavorable que la LODA ni tan siquiera contempló, sino el de poder exigir a los interesados la aportación de un certificado en el que se ratifique la vigencia de la variación producida en los datos.

Bajo este apartado podemos situar los más importantes cambios asociativos, que son la modificación de estatutos y la renovación de los componentes de la junta directiva. Pero, además, la apertura y cierre de establecimientos y delegaciones, o la incorporación de la asociación a entidades de segundo grado como las federaciones,

---

[38] Como método de legalización de documentos puede utilizarse la apostilla de La Haya (Convenio de La Haya, de 5 de octubre de 1961, por el que se suprime la exigencia de Legalización de Documentos Públicos Extranjeros que deban surtir efectos en otro país firmante del mismo), vid. ROJAS JUÁREZ, J.R., *Guía de Asociaciones*, Ministerio del Interior, 2017, pág. 42.

confederaciones o uniones, o entidades internacionales. Menos habituales son los casos de transformación y fusión, como igualmente escasas son las disoluciones de asociaciones frente a la creación de las mismas, ya que normalmente nacen con vocación de permanencia en el tiempo, con expresa constancia de su vigencia indefinida.

Como decimos, un significativo procedimiento registral es el relativo a la *modificación de los estatutos* originales. De hecho, no existe ningún contenido estatutario, preceptivo o potestativo, que dentro de los márgenes de la legalidad no pueda ser alterado por la voluntad mayoritaria de los socios. A estos efectos, la representación de la entidad debe presentar al Registro, además de solicitud y tasa, el acta de la reunión de la asamblea general que acuerde la modificación y los nuevos estatutos.

Dando por entendido que el órgano competente para aprobar las modificaciones estatutarias es la asamblea general, se exige la aportación del acuerdo en los siguientes términos: acta de la asamblea general, que recoja el acuerdo de modificación de estatutos, la relación de artículos modificados y la fecha de su aprobación, haciéndose constar que la modificación se ha aprobado conforme a los requisitos que para la adopción de acuerdos establecen los estatutos. Con la intención de conservar el acta original, las asociaciones vienen haciendo uso de la posibilidad de presentar el acuerdo mediante certificado extendido por el secretario con el visto bueno del presidente pero en ambos casos en el documento original, ya sea acta o certificado, se ha de hacer constar expresamente que para la modificación de los estatutos se ha seguido el procedimiento y se han observado los requisitos establecidos para ello. Por supuesto, en este procedimiento es necesario aportar un cuarto documento, es decir, el «texto íntegro de los nuevos estatutos», que contenga los artículos modificados, firmado por el presidente y secretario de la asociación, y en el que se haga constar, mediante diligencia extendida al final del documento, que han quedado redactados con la inclusión de las modificaciones acordadas en la asamblea general, e indique la fecha en se adoptó la modificación. Aunque los cambios sean mínimos, es lógico que se exija un documento único e íntegro pues los nuevos estatutos son los destinados a quedar en depósito y sobre los que en bloque se ejercerá la correspondiente publicidad.

Al igual que, según hemos dicho, no existe límite a los cambios de las reglas estatutarias preceptivas o potestativas, tampoco hay modificación de tipo alguno de los estatutos que vincule a terceros si no está debidamente inscrita. Es lo que dispone con toda claridad el artículo 16.1 LODA y refuerza el perfil constitutivo del registro de asociaciones, que pasa a ser el filtro que convierte las modificaciones internas acordadas, por importantes que sean, en preceptos de trascendencia externa y eficacia frente a terceros.

Que una asociación pueda presentar una nueva fisonomía a consecuencia de una profunda modificación de sus estatutos no significa que estemos ante un caso de transformación, término éste que en el ámbito asociativo se reserva para los supuestos que analizaremos más adelante.

Un no menos importante procedimiento registral es el dirigido a la inscripción de la *identidad de los titulares de la junta directiva*. En realidad, de entre los contenidos fundacionales de las asociaciones posiblemente el más cambiante sea el de la composición del órgano de representación o junta directiva, y lo es como consecuencia lógica del principio democrático y de la periódica renovación de cargos que el mismo conlleva. Lo normal, de acuerdo con los estatutos, es que se haya previsto la elección o nombramiento de la junta directiva cada cuatro o cinco años, debiendo aparecer necesariamente en su composición las figuras de presidente y secretario. En tal caso, a la solicitud se acompañará acta de la asamblea general o del acuerdo adoptado, según se haya determinado en los estatutos, en el que conste la designación de los titulares de la junta directiva u órgano de representación y su fecha, y se indique expresamente: a) los datos de identidad y domicilio, si son personas físicas; b) la razón social o denominación si son personas jurídicas, con los datos de identidad de las personas físicas que actuarán en su nombre; c) cargos que ostentan dentro del órgano de representación; d) la fecha de la elección o nombramiento de los titulares entrantes; e) la fecha de la revocación y el cese, en su caso, de los titulares salientes; y f) la firma de los titulares entrantes y, en su caso, de los salientes. En el supuesto de no poderse aportar la firma de los titulares salientes, se acompañará justificación suficiente de tal circunstancia. En este listado de requisitos cobra especial importancia el de la letra f), consistente en que en la documentación que se aporta al Registro consten las firmas de los titulares salientes o, en defecto, justificación bastante de su ausencia, en la perseguida finalidad de evitar fraudes en la representación. En concreto, «*la firma de los titulares salientes se establece como una garantía de continuidad y permite al RNA conocer que se ha producido una regular sucesión de los cargos. Por ello, en el acuerdo (acta o certificado) de elección o modificación de los titulares de la junta directiva se deben incluir las firmas del Presidente saliente y entrante, y del Secretario saliente y entrante. En su defecto, se deberá aportar justificación de la ausencia de firma de los salientes, entendiéndose por tal: a) la falta de respuesta a la solicitud fehaciente de firma a través de requerimiento notarial, correo certificado, burofax o cualquier otro medio de constancia; b) la imposibilidad manifiesta de la persona de extender la firma por causa de fallecimiento, enfermedad grave u otros motivos. Para el resto de cargos, se deberá aportar certificado emitido por el Secretario entrante, expresivo de que en el protocolo documental de la asociación constan las firmas de todos y cada uno de los titulares salientes y de los titulares entrantes*»[39].

Lo excepcional, pero no infrecuente, es que durante el mandato se puedan producir alteraciones en la composición de la junta directiva por dimisiones, sanciones,

---

[39] Cfr. ROJAS JUÁREZ, J.R., *Guía de Asociaciones*, op. cit., pág. 38.

fallecimientos, mociones de censura u otros motivos, y en tales casos la asociación deberá comunicar al Registro las incidencias producidas e instar su inscripción, adjuntando certificado expresivo de las mismas, firmado por el secretario con el visto bueno del presidente. En previsión de que la comunicación de cambios puntuales y sucesivos genere una fragmentación de la información registral, se facultó al RNA para requerir de la asociación un certificado en el que, mediante documento único y consolidado, se haga constar la relación actualizada de la totalidad de los miembros y cargos del órgano de representación, cuando ello resulte necesario para garantizar la coherencia de la publicidad registral.

Un supuesto no inédito, pero que ni la LODA ni el Reglamento de 2003 previeron, fue el de la *transformación de las asociaciones*. Por el contrario, ante la evidencia de la mutabilidad de las asociaciones, al igual que ocurre con las sociedades, el Reglamento de 2015 reguló dos supuestos de transformación de asociaciones que, como decimos, no están contemplados en la LODA pero que pudieran deducirse de forma indirecta del artículo 28, que establece que los asientos de la hoja registral recogerán parte del contenido de los estatutos y que éstos y sus modificaciones quedarán depositados en el Registro, de manera que perfectamente podían tener reflejo registral las consecuencias estructurales derivadas de la modificación de los estatutos. De hecho, esos dos supuestos, la «transformación por cambio de ámbito territorial de actuación» y la «transformación por cambio de régimen jurídico», con mantenimiento de la personalidad jurídica, traen inevitablemente causa de una previa modificación de estatutos, pues ni una asociación autonómica puede transformarse en asociación estatal si mantiene en sus estatutos un ámbito regional, provincial o local como tampoco una asociación especial se puede transformar en una asociación general si conserva en sus estatutos el sometimiento a una normativa asociativa específica, y viceversa en ambos casos. Además, la LODA sí contempla que se anote en el Registro la baja de la asociación y sus causas, que es el típico efecto del segundo de este conjunto de casos.

Por eso, se facilitó la salida del RNA de aquellas entidades que decidieran reducir su ámbito de actuación para inscribirse en un registro autonómico o de aquellas que decidieran acogerse a una normativa distinta de la ley general de asociaciones. Y, a la inversa, para acoger a las que, en principio, figuraban inscritas en los registros autonómicos y especiales, y después consideraron convertirse en asociaciones de ámbito nacional y asociaciones generales, respectivamente.

Por lo que se refiere a los supuestos de salida, se dispuso que las asociaciones y demás entidades inscritas en el RNA podrán solicitar su baja por reducción del ámbito territorial de actuación o por cambio de régimen jurídico, exigiéndose acompañar a la solicitud como documentos necesarios: a) acta de la asamblea general en la que conste que la asociación reduce su ámbito territorial de actuación al de una sola comunidad autónoma o que deja de regirse por el régimen general y común de la Ley Orgánica

1/2002, de 22 de marzo, para acogerse a un régimen jurídico especial, y la fecha de su aprobación, haciéndose constar que la transformación se ha aprobado conforme a los requisitos que para la adopción de acuerdos establecen los estatutos; y b) texto íntegro de los nuevos estatutos, que contenga los artículos modificados, firmado por el presidente y secretario de la asociación, y en el que se haga constar, mediante diligencia extendida al final del documento, que han quedado redactados con la inclusión de las modificaciones acordadas en la asamblea general, e indique la fecha en se adoptó la modificación.

Con anterioridad al Reglamento de 2015 estos supuestos se trataban al margen de cualquier cobertura legal y la baja de la asociación en el RNA iba seguida del envío del expediente completo al registro autonómico o especial que resultara competente para la inscripción de la asociación transformada. El problema que se presentaba es que había un acto seguro, la baja en el RNA, pero no se tenía la certeza de que la asociación fuera a ser inscrita en el nuevo registro, quedando mientras tanto en una situación de indeterminación registral muy desfavorable para los socios. Para reducir al máximo los perjuicios que esta situación pudiera generar el Reglamento estableció que la transformación dará lugar a la práctica de un asiento de inscripción de baja provisional. Al mismo tiempo, el RNA remitirá la hoja registral y copia del expediente al registro autonómico o especial que corresponda, y cuando se tenga constancia de la inscripción de alta en el registro competente, el RNA procederá a inscribir la baja definitiva de la asociación transformada.

En cuanto a los supuestos de entrada, las dos vías posibles derivan de una previa inscripción, en un registro autonómico o en un registro especial, y de la expresa voluntad de la asociación inscrita de abandonar cualquiera de esos dos registros para acceder al RNA. En principio, este acceso es equiparable a la inscripción primera de cualquier otra asociación, a excepción de que, por estar ya inscrita, no es necesario que los interesados aporten aquellos documentos que ya están disponibles en los registros autonómico o especial de origen, como puede ser el acta fundacional. A estos efectos, el RNA requerirá del órgano competente el envío de la información necesaria para la tramitación del correspondiente procedimiento de inscripción de alta, lo que no exime a la entidad que se ha transformado de presentar cierta documentación actualizada.

Para las asociaciones autonómicas inscritas, tal documentación es la siguiente: a) acta de la asamblea general en la que conste el acuerdo de modificación de estatutos, expresivo del ámbito de actuación, que debe superar el territorio de una comunidad autónoma. Igualmente indicará la relación de artículos modificados y la fecha de su aprobación, y que la modificación se ha aprobado conforme a los requisitos que para la adopción de acuerdos establecen los estatutos; b) texto íntegro de los nuevos estatutos, que contenga los artículos modificados, firmado por el presidente y secretario de la asociación, y en el que se haga constar, mediante diligencia extendida al final del documento, que han quedado redactados con la inclusión de las modificaciones acordadas en la asamblea general, e indique la fecha en que se adoptó la modificación; y c) certificado en el que conste la relación actualizada de la composición de la junta directiva u órgano de representación, con indicación de la identidad de sus titulares si son personas físicas y de la denominación o razón social en caso de personas jurídicas, los cargos que ostentan y la fecha de su elección o nombramiento, la nacionalidad y domicilio de cada uno de ellos.

Para las asociaciones especiales inscritas la documentación es muy similar, siendo la siguiente: a) acta de la asamblea general en la que conste el acuerdo de modificación de estatutos, expresivo del régimen jurídico, que debe referirse al sometimiento de la entidad a la Ley Orgánica 1/2002, de 22 de marzo, indicándose la relación de artículos modificados y la fecha de su aprobación, y que la modificación se ha aprobado conforme a los requisitos que para la adopción de acuerdos establecen los estatutos; b) texto íntegro de los nuevos estatutos, que contenga los artículos modificados, firmado por el presidente y secretario de la asociación, y en el que se haga constar, mediante diligencia extendida al final del documento, que han quedado redactados con la inclusión de las modificaciones acordadas en la asamblea general, e indique la fecha en que se adoptó la modificación; y c) certificado en el que conste la relación actualizada de la composición de la junta directiva u órgano de representación, con indicación de la identidad de sus titulares si son personas físicas y de la denominación o razón social en caso de personas jurídicas, los cargos que ostentan y la fecha de su elección o nombramiento, la nacionalidad y domicilio de cada uno de ellos.

En la práctica los casos más numerosos son los de ampliación de ámbito de las asociaciones autonómicas, que por este motivo ingresan en el RNA, y especialmente significativo es el de un tipo de asociación especial, es decir, el de las asociaciones sindicales y empresariales que con cierta frecuencia salen del registro u oficina pública de depósito de estatutos del Ministerio de Trabajo para transformarse en asociaciones generales e inscribirse en el RNA.

Otra importante situación asociativa es la *fusión de asociaciones*, totalmente desconocida para la LODA y el Reglamento de 2003 pero que, por primera vez, se reguló en el Reglamento de 2015 como derivación también de la inscripción de la modificación de estatutos. De hecho, se vino a dar una solución a una demanda extendida entre las asociaciones, que entendían incompleto el proceso de fusión si no culminaba con la inscripción registral, y porque lo acometían siguiendo, por analogía y en lo que procediera, las disposiciones que rigen para las sociedades mercantiles, tan distintas de las asociaciones sin ánimo de lucro[40].

---

[40] No contempla el Reglamento de 2015 la figura de la «escisión», que tiene lugar cuando la asociación, por razones económicas, estratégicas o de otro tipo, divide su estructura en dos o más partes independientes, con transferencia de activos, pasivos o ambos desde la asociación original a la nueva o nuevas asociaciones. En cualquier caso, la práctica demuestra que no es un supuesto frecuente entre el movimiento asociativo.

En la actualidad, se prevé, respecto de las entidades inscritas en el mismo, que podrán fusionarse, ya sea mediante la constitución de una nueva por dos o más, o mediante la absorción de una o varias por otra ya existente. A la solicitud se acompañará: a) actas de las asambleas generales de las asociaciones afectadas en las que consten los respectivos acuerdos de fusión y sus fechas de aprobación, haciéndose constar que la fusión se ha aprobado conforme a los requisitos que para la adopción de acuerdos establecen los estatutos; y b) si se trata de la formación de una nueva asociación, el acuerdo de la asamblea general constituyente, además de todos los documentos requeridos por el Reglamento para la inscripción de la constitución de asociaciones.

La plasmación registral será distinta si se trata de la fusión de dos o más asociaciones para formar una nueva, con la consecuencia de extinguirse todas ellas, que si se trata de la absorción de una o varias por otra asociación ya existente, en que permanece ésta y desaparecen aquéllas. Por ello, se establece que la fusión dará lugar a la práctica de un asiento de inscripción que expresará: a) si se trata de la creación de una nueva asociación, los mismos datos que los previstos para la constitución de asociaciones y, además, la fecha del acuerdo de fusión; b) si se trata de un supuesto de absorción, se hará constar en la hoja registral de la asociación absorbente la fecha del acuerdo de fusión. Al RNA corresponde la postrera tarea de cancelar de oficio los asientos y cerrar de forma definitiva las hojas registrales de las asociaciones que en virtud de estos procesos queden extinguidas.

El Registro también toma constancia de otros hechos asociativos, como la *apertura* de delegaciones en el mismo o distinto lugar donde tiene el domicilio social, o la *pertenencia* de la asociación a una federación, o de ésta a una confederación, o de cualquiera de ellas a organizaciones internacionales o su separación, que con ser no menos importantes son anotaciones menos frecuentes.

E igualmente no siendo tan habitual como el alta en el Registro, lo cierto es que el nacimiento y la extinción son los actos vitales de la persona jurídica, por lo que el procedimiento de inscripción de la *disolución de las asociaciones* se coloca al mismo nivel de importancia que el procedimiento de inscripción de constitución de las mismas. La LODA exige que se haga constar en la hoja registral la «disolución de la asociación y sus causas», una disolución que puede derivar de la voluntad de los socios o de sentencia. Lo primero determinará una inscripción a solicitud de los interesados y lo segundo, como veremos después, una inscripción de oficio.

Las asociaciones están obligadas a comunicar al Registro su disolución, ya sea por las causas legales de cumplimiento del fin social, vencimiento del plazo predeterminado o imposibilidad material de continuar con la actividad (artículo 39 Código Civil), por cualquier otra causa prevista en los estatutos o por el solo deseo de los socios de no mantener la asociación por más tiempo. A la correspondiente solicitud deberán adjuntarse distintos documentos en función de la causa de disolución y de si existe o no patrimonio sobrante. En todo caso, se ha de aportar: a) la documentación acreditativa del cese de los titulares de la junta directiva u órgano de representación; b) en caso de disolución por las causas previstas en los estatutos, certificado expresivo de los artículos que regulan tales causas y la fecha en que se han producido; c) en caso de disolución por virtud de lo dispuesto en el artículo 39 del Código Civil, certificado expresivo de las causas determinantes de la misma y la fecha en que se han producido; d) en caso de disolución por voluntad de los asociados expresada en asamblea general convocada al efecto, acta de la asamblea en la que conste la fecha de su aprobación, haciéndose constar que la disolución se ha aprobado conforme a los requisitos que para la adopción de acuerdos establecen los estatutos.

Si al momento de la disolución la asociación carece de patrimonio, se indicará expresamente esta circunstancia en la solicitud y el RNA dictará resolución al efecto. Dado que esta resolución finalizadora del procedimiento de inscripción es susceptible de recurso de alzada, entendemos prudente que el Registro espere al transcurso del plazo de un mes para comprobar si se ha interpuesto o no, con el objeto, en el primer caso, de estar al contenido de la resolución de tal recurso, que eventualmente podría revocar la resolución de disolución, y en el segundo de proceder directamente a la cancelación de los asientos y al cierre definitivo de la hoja registral. Téngase en cuenta que estos actos registrales son los que marcan la definitiva extinción de la personalidad jurídica de la asociación.

Si, por el contrario, al momento de la disolución la asociación dispone de patrimonio, se abre sin solución de continuidad la fase de liquidación. La asociación deberá presentar ante el Registro la documentación acreditativa: a) de la aceptación e identidad de las personas encargadas de la liquidación; b) de la situación patrimonial de la asociación y señalamiento, en su caso, de la existencia de acreedores; y c) del destino que se va a dar al patrimonio conforme a lo establecido en los estatutos. En efecto, en estos supuestos la disolución abre el periodo de liquidación, convirtiéndose en liquidadores los miembros de la junta directiva, a menos que los estatutos hubieran dispuesto otra cosa o se hayan nombrado por la asamblea general. Por eso, resulta imprescindible que se identifiquen tales liquidadores y que conste en las actuaciones su expresa aceptación. También que figure la situación patrimonial y el destino que se dará al remanente. Con estos elementos en el expediente, y puesto que la asociación sigue conservando su personalidad jurídica, el RNA dicta resolución de disolución pero condicionando el cierre de la hoja registral a la conclusión de las operaciones de liquidación y a la solicitud de cancelación de los asientos registrales. Mientras tanto la asociación permanece inscrita pero practicándose en su hoja un asiento de baja provisional.

Corresponde a los liquidadores: a) velar por la integridad del patrimonio de la asociación; b) concluir las operaciones pendientes y efectuar las nuevas, que sean precisas para la liquidación; c) cobrar los créditos de la asociación; d) liquidar el patrimonio y pagar a los acreedores; e) aplicar los bienes sobrantes de la asociación a los fines previstos por los Estatutos; y f) solicitar la cancelación de los asientos en el Registro. Quiere esto decir que si satisfechas todas las deudas la asociación dispone de bienes sobrantes, normalmente dinero en la cuenta bancaria, se aplicarán al destino no lucrativo decidido por la asamblea conforme a los estatutos, circunstancia que deberá acreditar ante el Registro al momento de cumplir con la obligación de solicitar la cancelación de los asientos, y que normalmente se hará mediante la presentación de un documento de aceptación firmado por la entidad beneficiaria por el importe exacto del remanente. Que la conclusión de aquellas operaciones determine un remanente de 0 euros, sin posibilidad, lógicamente, de aplicación a terceros, no exime a la asociación de solicitar la cancelación indicada. En ambos casos, el efectivo cierre de la hoja registral supondrá la definitiva extinción de la personalidad jurídica de la asociación.

1.4. Inscripción de las asociaciones inactivas

La inactividad de las asociaciones se considera un supuesto que está en contradicción con el principio que trata de asegurar la permanente correspondencia entre la realidad asociativa y realidad registral, y por tal motivo el ordenamiento le vincula determinados efectos, en particular, cuando se pasa de un régimen jurídico a otro nuevo y se considera la situación anterior a través de las oportunas normas de derecho transitorio. Las leyes de asociaciones de 1887 y 1964 incluyeron disposiciones de este carácter, obligando a las asociaciones inscritas a adaptarse a los nuevos requisitos en un plazo determinado. Tampoco la LODA fue ajena a esta realidad, por lo que su disposición transitoria primera establece lo siguiente:

«1. Las asociaciones inscritas en el correspondiente Registro con anterioridad a la entrada en vigor de la presente Ley Orgánica estarán sujetas a la misma y conservarán su personalidad jurídica y la plenitud de su capacidad, pero deberán adaptar sus Estatutos en el plazo de dos años.

2. No obstante lo anterior, las asociaciones inscritas deberán declarar, en el plazo de dos años desde la entrada en vigor de la presente Ley Orgánica, que se encuentran en situación de actividad y funcionamiento, notificando al Registro en el que se hallen inscritas la dirección de su domicilio social, y la identidad de los componentes de sus órganos de gobierno y representación, así como la fecha de elección o designación de éstos».

Según esto las asociaciones existentes disponían de un plazo de dos años, hasta el 26 de mayo de 2004, para declarar ante el Registro su situación de vigencia y actividad. De no ser así, ningún efecto preveía la LODA, por lo que antes de cumplirse ese plazo de dos años, y para procurar su cumplimiento efectivo, la disposición transitoria única del Reglamento de Registro Nacional de Asociaciones de 2003 reguló un concreto procedimiento de adaptación y comunicación de datos, al tiempo que, para el supuesto de incumplimiento de las obligaciones legales, su apartado 3 establecía: «*las asociaciones no adaptadas, ni disueltas, que actúen, en su caso, sin haber regularizado su situación registral se asimilarán a las asociaciones no inscritas a los efectos previstos en el artículo 10 de la Ley Orgánica 1/2002, de 22 de marzo*». Sin embargo, este apartado 3 se declaró nulo mediante sentencia del Tribunal Supremo de 20 de abril de 2006, cuyo Fundamento de Derecho Undécimo señalaba:

«No negamos la razonabilidad del precepto, equivalente a los que se han promulgado al innovar el régimen jurídico de las entidades mercantiles, pero no se trata de una cuestión de lógica sino de legalidad, y concretamente si mediante un Reglamento cabe equiparar a las asociaciones inscritas, pero que no han adaptado sus estatutos a la nueva Ley Orgánica 1/2002, de 22 de marzo, a las no inscritas a los efectos contemplados en el apartado cuarto del artículo 10 de esta Ley Orgánica.

La cuestión, por tanto, se circunscribe exclusivamente a decidir si el Reglamento... tiene habilitación suficiente para extender los efectos previstos en la Ley Orgánica para las asociaciones no inscritas a las que, inscritas en el Registro correspondiente con anterioridad a la Ley Orgánica, no hubiesen cumplido el deber de adaptar sus Estatutos, en el plazo de dos años, a la nueva Ley, cuyas consecuencias son, según lo establecido en el apartado 4 del artículo 10 de dicha Ley Orgánica, que los promotores de la asociación responderán personal y solidariamente de las obligaciones contraídas con terceros, responsabilidad solidaria que se extiende a los socios por las obligaciones contraídas por cualquiera de ellos frente a terceros siempre que hubieran manifestado actuar en nombre de la asociación.

El principio general en nuestro ordenamiento jurídico de que la solidaridad en el cumplimiento de las obligaciones no se presume, y que solamente habrá lugar a ello cuando la obligación expresamente lo determine, impide establecer reglamentariamente una excepción a este principio.

Distintas causas, generalmente ligadas a la plena efectividad en la reparación de los perjuicios, han llevado a la jurisprudencia, en ocasiones, a declarar solidario ese deber, pero una cosa es que, como consecuencia de la actuación de los promotores de una asociación o de los asociados, pudiera declararse jurisdiccionalmente la responsabilidad solidaria de éstos con la de la asociación, y otra muy distinta que, sin establecerlo expresamente la Ley Orgánica reguladora del derecho de asociación, pueda el Reglamento que lo desarrolla imponer tal responsabilidad solidaria por muy razonable que pueda parecer la solución.

El precepto combatido, tal y como aparece redactado, no sólo resulta confuso sino que extiende, por vía reglamentaria, una responsabilidad solidaria de promotores y asociados, establecida por la Ley exclusivamente para las asociaciones no inscritas, a las asociaciones inscritas con anterioridad en el Registro correspondiente, cuyos estatutos, sin embargo, no se hubiesen adaptado en el plazo de dos años a la nueva Ley o la adaptación de éstos no hubiese tenido acceso al Registro, extensión reglamentaria que, por lo expresado, consideramos contraria a derecho».

En estas circunstancias, y dados los beneficios del saneamiento registral, se invitó a todas las asociaciones inactivas, unas 14.000, a regularizar su situación, dirigiéndole una carta firmada por la titular de la Secretaría General Técnica en el mismo mes de abril de 2006. Dicha carta decía:

«Estimado/a amigo/a:

En su calidad de Presidente/Secretario de esa asociación, quiero informarle de que la Ley Orgánica 1/2002, de 22 de marzo, reguladora del Derecho de Asociación, prevé la necesidad de que las asociaciones constituidas con anterioridad a su entrada en vigor, es decir, antes del 26 de mayo de 2002, comuniquen al Registro en el que están inscritas que siguen en funcionamiento y continúan ejerciendo su actividad, y en caso de que sus estatutos no se adecuen a la nueva Ley, procedan a adaptarlos a la misma.

Ha transcurrido ya el periodo de dos años inicialmente fijado para esta comunicación y para la citada adaptación, sin que en el Registro Nacional de Asociaciones hayamos recibido noticias de su asociación.

Por esta razón me pongo en contacto con Usted ya que, en el caso de que su asociación siga activa, es importante regularizar su situación.

Para ayudarles en esta tarea, le adjunto a esta carta una breve nota explicativa y para cualquier aclaración que puedan necesitar pongo a su disposición el teléfono gratuito de información 900 150 000, así como la página web del Registro Nacional de Asociaciones: http://www.mir.es/SGACAVT/asociaciones, donde encontrarán toda la información necesaria y desde la cual podrán también formular consultas mediante correo electrónico.

Le agradezco su interés, y le ruego transmita a los restantes miembros de la asociación mi reconocimiento a la labor que realizan.

Reciba un cordial saludo».

La respuesta a este llamamiento fue escasa, persistiendo el problema años más tarde, cuando se empezó a redactar el nuevo reglamento del RNA, por lo que se hizo un nuevo intento de depuración que finalmente no tuvo éxito. La propuesta consistía en expulsar del Registro a todas las asociaciones inactivas previo un último trámite de audiencia. Sin embargo, durante el procedimiento de tramitación normativa el Consejo de Estado, no obstante considerar razonable dicha propuesta, volvió a señalar que un reglamento carece de rango normativo para producir un efecto tan extremo como la baja de las asociaciones en el Registro y las consecuencias tan negativas que de ello derivan, quedando reservada una disposición de este tipo a la Ley.

Por ello, las miles de asociaciones que en 2015 persistían en su inactivad se mantuvieron igualmente inscritas en el RNA, si bien con una nota marginal en su hoja registral indicativa de tal circunstancia, que se cancelará de oficio cuando aquéllas presenten la declaración de actividad y funcionamiento, la cual pueden formular en cualquier momento. De la misma forma que en 2006, entre 2015 y 2025 el número de asociaciones adaptadas y reactivadas ha sido irrelevante. De hecho, a 1 de marzo de 2025 aparecen inscritas en el RNA pero careciendo de actividad social efectiva 13.776 asociaciones.

2. La función de registro: hoja registral y protocolo de expedientes

La importante función de procedimiento y su conclusión emerge como la base ineludible de las inscripciones. Pero la actividad del RNA es mucho más amplia, alcanzando a la realización de inscripciones de oficio no derivadas, por tanto, de un procedimiento a solicitud de interesado y, por supuesto, a la práctica de los asientos y llevanza de la hoja registral, así como a la preservación de la documentación asociativa, conformando lo que podríamos llamar «funciones de registro» en sentido estricto a partir de sus dos instrumentos básicos, la hoja registral y el protocolo.

2.1. Inscripciones de oficio

El Reglamento de 2015 aclaró dos situaciones que en el Reglamento de 2003 estaban confusamente contempladas, y que definitivamente se recondujeron a dos supuestos de inscripción de oficio por el Registro, como son las resoluciones judiciales y la declaración de utilidad pública.

Para el caso de suspensión de actividades o disolución de la asociación en virtud de resolución judicial, el Reglamento de 2003 exigía de la representación de la entidad que presentara la respectiva sentencia firme en el plazo de un mes desde que se dictara «salvo que conste en el registro por haber sido notificada de oficio». Debido a que tales resoluciones respondían a la comisión de un ilícito penal o civil, poca diligencia podía esperarse de los socios condenados o afectados por promover la correspondiente inscripción registral, hasta el punto de que, en la práctica, su existencia se conocía en el RNA previa comunicación del órgano judicial o no se conocía. Por ello, dada la trascendencia que la suspensión y la disolución presenta para la propia asociación y para terceros, y acogiéndose a los términos imperativos de la LODA, el Reglamento de 2015 convirtió las resoluciones judiciales en supuesto de inscripción de oficio, y en los más amplios términos dispuso que en aplicación del artículo 41 LODA los Juzgados y Tribunales comunicarán al Registro Nacional de Asociaciones las resoluciones que afecten a actos susceptibles de inscripción registral y, en particular, las que determinen: a) la inscripción de las asociaciones; b) la modificación de cualquiera de los contenidos de los estatutos de las asociaciones inscritas; c) el cierre de cualquiera de sus establecimientos; y d) la suspensión de actividades y su revocación, y la disolución de las asociaciones inscritas. Y se añadió que sin perjuicio de la inscripción que le sea ordenada por el órgano judicial, el Registro anotará el tipo de resolución, la fecha, la autoridad que la ha dictado y el contenido del fallo o parte dispositiva.

Al mismo tiempo se previeron los efectos según se tratara de suspensión o disolución. Para el primer caso se previó que la inscripción de la suspensión de actividades acordada mediante resolución judicial firme conllevará el cierre provisional de la hoja registral, es decir, un bloqueo impeditivo de nuevas inscripciones hasta el levantamiento de la medida provisional. Para el segundo que la inscripción de la disolución acordada mediante resolución judicial firme conllevará la cancelación de todos los asientos de la asociación y el cierre definitivo de su hoja registral.

En cuanto a la declaración y revocación de utilidad pública de las asociaciones, que son datos inscribibles (artículo 28.1.h) LODA), el Reglamento de 2003 remitió a los reglamentos de desarrollo de los artículos 32 a 35 LODA, pero lo hizo a través de una Sección 5ª y un único artículo colocado dentro del Capítulo II, relativo a los procedimientos de inscripción iniciados por los interesados. El posterior Real Decreto 1740/2003, de 19 de diciembre, sobre procedimientos relativos a asociaciones de utilidad pública, ciertamente previó para la declaración y para la revocación su inscripción pero que la llevaría a cabo no el Registro sino el órgano del que dependa el registro de asociaciones. Aunque todo lo anterior tenía sentido, ya que la competencia para declarar la utilidad pública y revocar este reconocimiento residía en la Secretaría General Técnica del Ministerio del Interior, estando sujetas a publicación, ambos aspectos del Reglamento de 2003 eran algo equívocos, razón por la cual el actual Reglamento sencillamente reguló que el RNA inscribirá la declaración y revocación de la condición de utilidad pública de las asociaciones de ámbito estatal a partir de la publicación de las correspondientes resoluciones en el Boletín Oficial del Estado.

Otro supuesto de inscripción de oficio se infiere de los procesos de fusión por absorción. Es cierto que en estos casos la actuación registral deriva de una previa solicitud, pero ésta se presenta por la asociación absorbente no por la absorbida y la hoja registral que se ve afectada no es la de la asociación absorbente sino la de la absorbida, en la que el RNA practica de oficio un asiento de baja definitiva.

2.2. Hoja registral y práctica de los asientos

A diferencia del Registro de la Propiedad, basado en la «hoja real», tanto el Registro Mercantil como el Registro de Asociaciones adoptan el sistema de «hoja personal» por la sencilla razón de ser ambos registros de sujetos o de personas, de sociedades y de asociaciones, al modo que ocurre en el Registro Civil respecto de las personas físicas.

El RNA, en efecto, acoge el sistema tradicional de hoja registral, que se abre a cada asociación con motivo de la inmatriculación y refleja la fecha de constitución e inscripción, el número nacional, los titulares del órgano de representación y los contenidos estatutarios, para después anotarse en la misma, sucesivamente, la actualización de los datos originales (modificaciones de estatutos o cambios en la composición de la junta directiva) o los nuevos datos asociativos (apertura de delegaciones o pertenencia a entidades internacionales), así como otras informaciones o hechos de interés que configuran en conjunto su historial jurídico.

En este sentido, el Registro practicará los asientos en hojas registrales, que se elaborarán exclusivamente en soporte electrónico y contendrán los campos necesarios para realizar cualquier tipo de asiento. Esta disposición del Reglamento de 2015 superó, por un lado, la hoja tradicional para dar lugar a la «hoja electrónica registral» y dotarla de mayores garantías de integridad y, por otro, los estrechos márgenes de inscripción y subsanación de errores que permitían las hojas bajo la vigencia del Reglamento de 2003. De hecho, la norma identificó los distintos tipos de asientos, a saber, «inscripciones», «notas marginales», «anotaciones provisionales» y «cancelaciones», y reguló su objeto. De esta manera, mediante la inscripción se registran los actos a que se refiere el artículo 11, es decir, todos los actos inscribibles típicos, así como sus actualizaciones o modificaciones. La nota marginal da razón de aquellos actos de relevancia registral, distintos de los anteriores, producidos durante la vida de la asociación. La anotación provisional se practica para reflejar el carácter transitorio de cualquier inscripción. Y la cancelación produce la supresión definitiva de cualquiera de los asientos anteriores. En cuanto a la forma de practicar los asientos, se establece que se redactarán en lengua castellana y se extenderán de forma sucinta, remitiéndose al expediente donde conste el documento que formalice el acto objeto de inscripción. En todo caso, quedará constancia de la fecha en que se practica el asiento. Los errores materiales, de hecho o aritméticos que se detecten en el contenido de los asientos serán rectificados, de oficio o a instancia de los interesados, por el propio RNA.

El contenido de las hojas registrales también se detalla en función de la estructura del RNA. Recordemos que la estructura se basa en secciones: Sección 1ª. Asociaciones; Sección 2ª. Federaciones, confederaciones y uniones de asociaciones; Sección 3ª. Asociaciones juveniles; Sección 4ª. Delegaciones en España de asociaciones extranjeras. Las hojas registrales del RNA presentan tres columnas: a) en la de la izquierda se anotan la Sección y debajo la Denominación; b) en la central se anotan el Cierre de la hoja y sus motivos, y debajo la Fecha de inscripción; y c) en la de la derecha el Número nacional de inscripción y debajo el Número de expediente. A partir de estos campos principales, se practican a continuación los sucesivos asientos y anotaciones comenzando, lógicamente, por el «Asiento de Alta».

Las hojas registrales de las Secciones 1.ª, 2.ª y 3.ª contienen los siguientes datos de la entidad asociativa: a) la denominación; b) el Número de Identificación Fiscal, en su caso; c) fines y actividades estatutarias en forma codificada; d) el domicilio; e) ámbito territorial de actuación; f) la identidad del presidente o representante legal y del secretario o persona con facultad para certificar acuerdos sociales, y la razón social o denominación cuando sean personas jurídicas; g) la fecha de constitución y la de inscripción; h) la apertura y cierre de delegaciones o establecimientos, con indicación del domicilio; i) la declaración y revocación de la condición de utilidad pública y la fecha de su publicación en el «Boletín Oficial del Estado»; j) la pertenencia a federaciones, confederaciones y uniones de asociaciones, así como a entidades internacionales; k) en caso de federaciones, confederaciones y uniones, las entidades que la integran; l) los acuerdos de transformación y fusión; m) las resoluciones judiciales que afecten a actos susceptibles de constancia registral; n) la baja y sus causas; ñ) la suspensión o disolución y sus causas, indicando la autoridad judicial cuando ésta la hubiera acordado, y el nombramiento de liquidadores, en su caso; y o) el cierre provisional o definitivo de la hoja, la fecha y su causa.

Las hojas registrales de la Sección 4.ª contienen los siguientes datos de las asociaciones extranjeras válidamente constituidas conforme a su ley personal y a la Ley Orgánica 1/2002, de 22 de marzo: a) la denominación y nacionalidad; b) el Número de Identificación Fiscal, en su caso; c) fines y actividades estatutarias en forma codificada; d) el domicilio principal de la delegación en España; e) ámbito territorial de actuación; f) la fecha del acuerdo de apertura de la delegación en España y la fecha de inscripción en el Registro Nacional de Asociaciones; g) la identidad del representante en España, y la razón social o denominación cuando éste sea persona jurídica; h) la apertura y cierre de otras delegaciones o establecimientos, con indicación del domicilio; i) las resoluciones judiciales que afecten a actos susceptibles de constancia registral; j) el cese de las actividades de la asociación en España; k) la suspensión o disolución de la asociación extranjera; y l) el cierre provisional o definitivo de la hoja, la fecha y su causa.

Sobre estos contenidos, el propio Reglamento de 2015 realiza algunas matizaciones en cuanto al NIF y la actividad social. La LODA no prevé la anotación del NIF y el Reglamento la contempla sólo de forma potestativa al decir que podrá ser objeto de inscripción el número de identificación fiscal de las asociaciones que deban obtenerlo con arreglo a la normativa tributaria, y así lo comuniquen al Registro con motivo de la primera inscripción de la entidad o en cualquier momento posterior. Se trata, por tanto, de un dato fragmentario debido a que la Agencia Tributaria no siempre emite un NIF provisional y sólo emite el NIF definitivo tras la acreditación de la inscripción de la asociación, el cual no siempre es comunicado en fecha posterior al RNA. Por su parte, como derivación del carácter sucinto de los asientos, la actividad de la asociación se anotará de forma codificada, rellenando el campo correspondiente con el dígito que proceda de entre los relacionados en los códigos de actividad del Anexo del Reglamento. Este Anexo hizo un intento por reunir las actividades de las asociaciones en diez grupos, con sus consiguientes subdivisiones, siendo los siguientes: 1. Ideológicas, culturales, educativas y de comunicación; 2. Mujer, igualdad de trato y no discriminación; 3. Infancia, jóvenes, personas mayores, familiar y bienestar; 4. Medio ambiente y salud; 5. Discapacidad y dependencia; 6. Víctimas, afectados y perjudicados; 7. Solidaridad; 8.

Económicas, tecnológicas, de profesionales y de intereses; 9. Deportivas y recreativas; 10. Varias.

La constancia del domicilio a efectos registrales expresará la calle y número o, en su defecto, el lugar de situación, y la localidad, el municipio, la provincia y el código postal. Para la constancia de la identidad de una persona física, se indicará: a) el nombre y apellidos; b) la nacionalidad; c) el domicilio; d) el número del documento legal de identificación. Son documentos de identidad admitidos el DNI, el NIE y el pasaporte en vigor, así como cualquier otro acreditativo de la identidad válidamente emitido por el país de origen del promotor. Para la identificación de las personas jurídicas se indicará: a) la razón social o denominación; b) la nacionalidad; c) el domicilio social; d) el Número de Identificación Fiscal, cuando deban obtenerlo con arreglo a la normativa tributaria.

Además de todo lo anterior, las hojas registrales de las cuatro secciones contendrán un número único, denominado «número nacional de inscripción», que se asignará de forma correlativa e identificará a cada entidad asociativa dentro de las respectivas secciones.

2.3. El protocolo de expedientes

La citada hoja registral no se puede entender separada del expediente de la asociación, formado por todos y cada uno de los documentos que son soporte de los distintos asientos. Este expediente por cada entidad asociativa, identificado con su respectivo número, concreta el depósito a que se refiere el artículo 28.2 LODA, y el conjunto de estos expedientes constituye el «protocolo» del RNA.

La *formación del expediente* es objeto de desglose en el Reglamento de 2015. Así, estará depositada en el RNA la siguiente documentación aportada por los interesados: a) el acta fundacional; b) el acta en la que consten los acuerdos modificativos de los datos registrales o introduzcan nuevos datos; c) los estatutos y sus modificaciones; d) la relativa a la apertura, traslado o clausura de delegaciones o establecimientos; e) la referente a la incorporación o baja de asociaciones en federaciones, confederaciones y uniones, o en entidades internacionales; y f) la referida a la disolución de la entidad y, en su caso, al destino dado al patrimonio remanente.

Cuando se trate de asociaciones extranjeras que actúen de forma estable en España, estará depositada la siguiente documentación, presentada por la propia entidad traducida al castellano: a) acta de la reunión del órgano competente, firmada por las personas que ostenten la representación de la asociación, en la que se recoja el acuerdo de apertura de la delegación en España, con indicación del domicilio principal de dicha delegación; b) la documentación justificativa de que se encuentra válidamente constituida la asociación extranjera conforme a su ley personal, consistente en el certificado acreditativo de la inscripción, aprobación, legalización o reconocimiento, expedido por la autoridad competente del país de origen; c) los estatutos o documento análogo que regule la organización y funcionamiento de la asociación; y d) la documentación en la que conste la identidad de los representantes en España, sean personas físicas o jurídicas, y la justificativa de sus facultades de representación.

También estarán depositadas en el RNA: a) las resoluciones judiciales que afecten a actos susceptibles de constancia registral; y b) las resoluciones por las que se acuerden la declaración y la revocación de utilidad pública de las asociaciones.

El Reglamento impone que, con independencia del formato de la documentación que presenten los interesados, se conservará una copia electrónica de la misma.

A pesar del esfuerzo por detallar los documentos objeto de depósito, es claro que otros muchos documentos pueden pasar a engrosar el expediente, en particular documentos privados dando cuenta de actos asociativos de relevancia registral si así se aprecia por el encargado del RNA, que se harán constar mediante nota marginal, o documentos administrativos derivados, en general, de potestades sancionadoras o inspectoras si dan lugar a algún tipo de asiento. Por el contrario, no forman parte del expediente ninguno de los documentos obligatorios del artículo 14.1 LODA, es decir, las cuentas anuales[41], la relación de socios, el inventario de bienes y el libro de actas, ni ninguno otro vinculado a la gestión de la entidad, que incluso de ser remitidos al RNA le serían inmediatamente devueltos.

Sólo los documentos que tienen la consideración legal de depositables integran el expediente registral y la importancia de que éste esté correctamente formado reside en que únicamente aquéllos están sujetos a publicidad, que no los restantes.

En cuando a la *preservación del protocolo*, el Reglamento señala entre los principios de actuación del Registro el de «integridad», concretado en que al RNA corresponde el tratamiento del contenido de los asientos y velar porque se apliquen las medidas adecuadas para impedir su manipulación. Este principio, interpretado en sentido amplio, viene a significar que el RNA se ve concernido por la seguridad de su archivo en cuanto a conservación y custodia. La conservación conlleva actuaciones físicas de protección, es decir, colocar dispositivos antiincendios, adoptar medidas para evitar la aparición de hongos y humedades y procurar las óptimas condiciones de luz y temperatura. Todo ello se impone si se atiende a que el RNA mantiene documentación en papel desde 1964 y la misma está destinada a ser conservada, en principio, por tiempo indefinido. A su vez, la custodia exige la seguridad y la adecuada vigilancia de las instalaciones para impedir que en todo momento puedan tener acceso a los expedientes y a su manipulación personas ajenas a la plantilla de funcionarios que conforman el RNA. Puesto que el RNA es un servicio eminentemente jurídico su responsabilidad en estos aspectos no es tanto directa como de supervisión y coordinación con los servicios de mantenimiento y seguridad del Ministerio del Interior. Lo mismo ocurre en cuanto a

---

[41] A excepción de las asociaciones declaradas de utilidad pública.

las aplicaciones y repositorios destinados a tratar y almacenar la documentación electrónica. La importancia que en los últimos años está cobrando la transformación digital hizo que ya el Reglamento aclarara que el dimensionamiento, la provisión, la administración y el mantenimiento de los sistemas informáticos será competencia del servicio de tecnologías de la información y las comunicaciones del Ministerio del Interior[42].

Por último, el protocolo del RNA se ve afectado por la normativa archivística en cuanto a *transferencias documentales*. En este sentido, los archivos del Sistema de Archivos de la Administración General del Estado, atendiendo al ciclo vital de los documentos, se clasifican en archivos de oficina o de gestión, archivos generales o centrales de los Ministerios, archivo intermedio y archivos históricos, y entre las funciones de los archivos de oficina está la de transferir los documentos al archivo central en la forma y tiempo establecidos en el correspondiente calendario de conservación, una vez agotado su plazo de permanencia en la unidad productora[43]. El archivo o protocolo del RNA tiene la consideración de archivo de oficina o de gestión y para el mismo la Comisión Superior Calificadora de Documentos Administrativos del Ministerio de Cultura dictaminó que su documentación era de conservación permanente, sin perjuicio de transferir cada cinco años al Archivo General del Ministerio del Interior los expedientes de las asociaciones disueltas, contado dicho plazo desde la inscripción de la disolución. Por ello, cada año salen del protocolo del RNA un número indeterminado de expedientes para cuya consulta ya no será apta la vía de la publicidad registral sino que se aplicará la normativa general de acceso a los archivos. También cada seis años, contado este plazo desde la respectiva rendición, se remiten al mismo Archivo General del Ministerio del Interior las cuentas de las asociaciones declaradas de utilidad pública, en este caso por disposición específica recogida en el artículo 6.6 del Real Decreto 1740/2003, de 19 de diciembre, siendo igualmente aplicable a su acceso la normativa archivística.

3. La función de publicidad

De la misma forma que la función de procedimiento era la base de la función de registro, esta última, desde la doble perspectiva de práctica de asientos y depósito de documentos, es el presupuesto de la principal misión del Registro, que no es otra que dar publicidad a las asociaciones y sus datos relevantes. Y es que la importancia y alcance de la actividad asociativa impone un sistema de publicidad oficial que dé a conocer con rapidez y certidumbre los más destacados datos de los sujetos de esa actividad y de determinados aspectos del tráfico que realizan. A estos efectos, el

---

[42] Los servicios de mantenimiento, seguridad e informática del Ministerio del Interior no dependen de la Secretaría General Técnica.

[43] Artículos 8 y 9 del Real Decreto 1708/2011, de 18 de noviembre, por el que se establece el Sistema Español de Archivos y se regula el Sistema de Archivos de la Administración General del Estado y de sus Organismos Públicos y su régimen de acceso.

artículo 22.3 CE y el artículo 29.1 LODA proclaman que los registros de asociaciones son públicos.

A continuación veremos la distinción entre la publicidad material y formal y su aplicación al RNA, así como otro tipo de publicidad proactiva que se concreta en el fichero de denominaciones.

3.1. La publicidad material y formal. Límites

Al tratar del principio de publicidad registral se ha venido distinguiendo entre la publicidad material y la publicidad formal, refiriéndose la primera a los efectos y la segunda a los medios. En su aspecto material, la principal función de la publicidad es la de actuar como presunción de veracidad de lo inscrito, mientras que a través de la publicidad formal se asegura la difusión pública de los datos inscritos. Esta doble vertiente está presente en los registros jurídicos, y también en algunos de los llamados registros administrativos, si por estos entendemos los adscritos a la organización ministerial y gestionados por funcionarios públicos distintos de los registradores, como sería el registro de fundaciones.

En el terreno del registro de las asociaciones, la LODA se ocupa de la publicidad formal pero esconde los efectos materiales de la publicidad, y así lo decimos porque entendemos que el artículo 10.2, al proclamar que la inscripción hace pública la constitución y los estatutos de las asociaciones y «*es garantía tanto para los terceros que con ellas se relacionan, como para sus propios miembros*», de alguna forma ampara por vía indirecta las nociones de «oponibilidad» e «invocabilidad», de manera que las asociaciones registradas pueden hacer valer lo inscrito y los terceros de buena fe que con ellas se relacionan confiar en lo inscrito. De hecho, este artículo 10.2 LODA viene a prestar cobertura legal a los artículos 4 y 5 del Reglamento de 2015, que trasladan o más bien adaptan al ámbito registral asociativo principios básicos inmobiliarios y mercantiles. Según el artículo 5 el contenido del registro de asociaciones «*se presume exacto y válido*», añadiéndose que «*los asientos producirán sus efectos mientras no se anote la resolución judicial o administrativa que declare su inexactitud o nulidad*». Y si se establece esa presunción es porque previamente, en el artículo 4, se han explicitado los oportunos principios de actuación, entre ellos, el de legalidad, legitimación e integridad. Conforme a tales principios el RNA «*calificará la legalidad de las formas extrínsecas de los documentos en cuya virtud se solicite la inscripción y la validez de su contenido*» (principio de legalidad) y «*verificará la capacidad y legitimación de las personas que otorguen o suscriban los documentos en cuya virtud se solicite la inscripción*» (principio de legitimación), así como que al mismo le corresponde en exclusiva «*el tratamiento del contenido de los asientos y velar por que se apliquen las medidas adecuadas para impedir su manipulación*» (principio de integridad). Más en concreto, se puede afirmar que los enérgicos efectos que surgen de la inscripción encuentran su fundamento en el citado principio de legalidad, lo que sencillamente significa que no pueden tener acceso al RNA hechos o actos que no respeten las prescripciones de la Ley, a cuyo objeto el registrador de asociaciones ejerce la previa función de calificación.

Asentados estos principios de orden sustantivo desde 2015, volvamos a la LODA para hablar de la publicidad formal prevista en su artículo 29.2, completada ahora con el artículo 13 del Reglamento. Veremos, por tanto, qué materia es susceptible de ser pública y cuáles son los medios para darla a conocer.

Sobre lo primero, hay que determinar *qué* se puede publicar. El Reglamento establece que en virtud del principio de publicidad el RNA hace públicos la constitución, los estatutos, los órganos de representación de las asociaciones y demás actos inscribibles. El artículo 28.1 LODA distingue entre el contenido de los asientos (apartado 1) y los documentos que han de quedar depositados en el Registro (apartado 2), y en coherencia con esto el artículo 29 LODA se refiere, a efectos de publicidad, al «contenido de los asientos» y a los «documentos depositados». Quiere decir todo esto que los datos que consten en los asientos son públicos como también los documentos a cuyo amparo se practican. Pero, en sentido contrario, no queda cubierto por la publicidad registral el conocimiento de los expedientes administrativos que se tramitan a raíz de la solicitud de inscripción, ni ninguna otra documentación que, a partir de la inscripción de la constitución, no forme parte del expediente registral. Según lo anterior son públicos los datos que figuren en los asientos de inscripción, notas marginales y anotaciones provisionales, así como todos los documentos a que se refiere el artículo 28.2 LODA, a los que habría que añadir, para las asociaciones de utilidad pública, las cuentas anuales.

En cuanto a lo segundo, debe definirse *cómo* se puede publicar. El artículo 13 Reglamento extiende el artículo 29.2 LODA y establece que el RNA hará efectiva la publicidad mediante certificado, nota simple informativa y copia de los asientos y documentos, así como a través de listados y exhibición de los asientos y documentos.

El certificado es el único medio de acreditar fehacientemente el contenido de los asientos y de los documentos depositados, sin posibilidad de expedirlos sobre datos correspondientes a entidades inscritas en otros registros de asociaciones. Aunque no se diga expresamente, nada impide que se puedan emitir certificados negativos, es decir, de inexistencia de asientos de clase alguna. El RNA emite dos clases de certificados. Un *certificado tipo* con los datos de denominación, fecha de constitución, fecha de inscripción, domicilio social, actividad e identificación de los representantes de la asociación. Y un *certificado extenso* que comprende datos no vigentes como, por ejemplo, la anterior denominación o los anteriores cargos. Los certificados emitidos por el RNA mantienen su vigencia en tanto no se alteren los datos registrales. La nota simple informativa o copia de los asientos constituirán un mero traslado de los datos registrales. Respecto de las cuentas anuales y memorias de las asociaciones de utilidad pública, la publicidad se verifica por certificación o copia de los documentos, al modo que se realiza en el Registro Mercantil (artículo 369 del Reglamento del Registro Mercantil).

El RNA también puede ejercer la publicidad a través de listados, y en estos casos, por un lado, el interesado deberá concretar los criterios de búsqueda, no admitiéndose las solicitudes genéricas o que pretendan un volcado de todos los datos del Registro, y por otro, al emitirse el listado se hará constar la denominación de las asociaciones, su número nacional de inscripción y domicilio social. De igual forma, se permite la exhibición de los asientos y de los documentos en la sede del RNA, previa solicitud del interesado con antelación suficiente a la comparecencia, y se realizará siempre en presencia del personal competente.

Aunque a diferencia de otros registros no es necesario acreditar un interés en conocer los datos del RNA, los certificados, las notas, las copias, los listados y el examen de documentación, que se verifican a solicitud de los ciudadanos, sí están sujetos al previo pago de la tasa correspondiente.

Como hemos dicho, de los artículos 22 CE y 29.1 LODA se desprende con claridad que los registros de asociaciones son públicos, que la información que recaba de las asociaciones es pública, y que, por tanto, el inevitable tratamiento de los datos personales que resultan de tal información es lícito al amparo del artículo 6.1.c) del Reglamento (UE) 2016/679 del Parlamento Europeo y del Consejo, de 27 de abril de 2016, relativo a la protección de las personas físicas en lo que respecta al tratamiento de datos personales y a la libre circulación de estos datos y por el que se deroga la Directiva 95/46/CE, según el cual procede el tratamiento cuando «es necesario para el cumplimiento de una obligación legal».

A efectos de recogida de datos, en los modelos de solicitud que el RNA pone a disposición de la ciudadanía para los distintos trámites de inscripción se incluye un apartado final en que el interesado «*autoriza a la Secretaría General Técnica del Ministerio del Interior para el tratamiento de los datos personales incluidos en la solicitud y obrantes en el expediente*», de manera que la firma misma de tal solicitud llena el requisito legal del consentimiento expreso (art. 4.11 Reglamento (UE) 2016/679).

Ahora bien, una cosa es la recogida y tratamiento de datos, y otra distinta su difusión indiscriminada pues, dentro de los términos ya vistos (contenido de los asientos y documentos depositados), la publicidad del RNA ha de respetar, como *límite* ineludible, la normativa vigente en materia de protección de datos de carácter personal (artículo 29.2 LODA). Por ello, procede determinar qué personas físicas pueden figurar en el RNA, qué datos personales le constan y qué difusión puede hacerse.

Tales personas únicamente son los socios promotores y los socios miembros del órgano de representación, así como las personas representantes de las personas jurídicas promotoras o miembros del órgano de representación, sin perjuicio que de los documentos privados, administrativos o judiciales incorporados al expediente registral resulten datos de terceras personas, singularmente otros socios distintos de aquéllos. Respecto de los socios personas físicas, promotores de la asociación o miembros del órgano de representación, y de las personas físicas representantes de las personas jurídicas, el RNA dispone, además del nombre, del domicilio, nacionalidad y NIF (artículo 6 LODA), pero también del documento identificativo se puede extraer la edad y lugar de nacimiento, así como la firma y la imagen facial. A partir de aquí, hay que distinguir entre promotores y representantes a los efectos del ejercicio de la publicidad registral. Sobre los «promotores» personas físicas o personas físicas representantes de personas jurídicas promotoras, el RNA no puede publicitar el NIF, domicilio particular y nacionalidad. En cuanto al nombre de los promotores que figuran en el acta fundacional, entendemos que su acceso, en general, debería venir precedido de la acreditación del interés del solicitante, mientras que debería rechazarse el acceso en el supuesto de datos especialmente sensibles[44]. Nos referimos con esto último a que muchas asociaciones, por ejemplo, son de naturaleza ideológica o religiosa, de lucha contra enfermedades (sida, cáncer, anorexia) o de defensa de determinados colectivos (LGTBI, minorías), por lo que publicitar el nombre de las personas promotoras de estas asociaciones de alguna manera revelaría información sobre sus opiniones políticas o creencias religiosas, sobre su salud física o mental, sobre su orientación sexual o sobre su origen racial o étnico. Esta prevención encuentra su fundamento en el tradicional principio de proporcionalidad en el tratamiento de los datos personales, hoy llamado «minimización de datos» y formulado como que tales datos serán adecuados, pertinentes y limitados a lo necesario en relación con los fines para los que son tratados[45], que inevitablemente se proyecta sobre la publicidad registral.

Por el contrario, es esencialmente pública la identidad de los «representantes», es decir, de las personas físicas miembros del órgano de representación o junta directiva, pero sin que ello suponga que también, además del nombre, haya de facilitarse a través de la publicidad registral su NIF, domicilio particular y nacionalidad. Una cosa es publicitar el domicilio social de la asociación y, en su caso, el NIF de la entidad, y otra muy distinta dar a conocer esos otros datos personales que pertenecen a la privacidad de los afectados.

Cuando de documentos privados distintos de actas y certificados asociativos, o de documentos administrativos o judiciales, todos ellos incorporados al expediente registral, resulten otro tipo de datos personales, el RNA los excluirá de la publicidad a la ciudadanía, ya afecten a socios o a no socios.

---

[44] Son las «categorías especiales de datos personales» a que alude el artículo 9 del Reglamento (UE) 2016/679.
[45] Artículo 5.1.c) del Reglamento (UE) 2016/679.

3.2. El Fichero de denominaciones de asociaciones

La importancia del nombre asociativo llevó a la LODA a prever un instrumento público que, conteniendo la denominación de las asociaciones ya inscritas, facilitara a los promotores la elección de un nombre original. El artículo 25.3 LODA es claro al disponer que el RNA «*llevará un fichero de denominaciones, para evitar la duplicidad o semejanza de éstas, que pueda inducir a error o confusión con la identificación de entidades u organismos preexistentes, incluidos los religiosos inscritos en su correspondiente registro*». Se trata, por tanto, de una publicidad proactiva que libera a los interesados de tener que pedir un certificado negativo de nombre.

La llevanza de este fichero por el RNA, que no es otra cosa que una base de datos en constante crecimiento, supone un extraordinario esfuerzo de coordinación con los demás registros de asociaciones y de permanente actualización. El Reglamento de 2015 se ocupó de regular el contenido y funcionamiento del Fichero en su artículo 9, que establece, entre otros extremos, lo siguiente: 1. El Registro llevará un Fichero de denominaciones de asociaciones, que se pondrá a disposición de los ciudadanos para ofrecer publicidad informativa sobre los nombres de entidades asociativas previamente inscritas. 2. El contenido del Fichero estará integrado por los nombres de las asociaciones inscritas en el Registro Nacional de Asociaciones y por los de las asociaciones inscritas en los registros autonómicos y especiales, siempre que dicha inscripción haya sido comunicada por el respectivo órgano competente. A estos efectos, y con el objeto de mantener actualizado el Fichero de denominaciones, el Registro recibirá la información que los registros autonómicos y especiales le proporcionen sobre inscripción, modificación de la denominación, disolución y baja de las entidades asociativas de su competencia.

Previo el establecimiento de unas pautas de coordinación técnica, el RNA recibe mensualmente los datos procedentes de estos otros registros, y efectúa la correspondiente carga, que va en aumento, llegando a tener el Fichero 566.942 denominaciones a fecha 1 de marzo de 2025.

El acceso al Fichero de denominaciones es libre y se puede realizar a través de la sede electrónica central del Ministerio del Interior, https://www.interior.gob.es/opencms/es/servicios-al-ciudadano/tramites-y-gestiones/asociaciones/. Mediante la introducción de palabras clave se puede obtener el nombre de la asociación y el registro donde se encuentra inscrita. Si lo está en el RNA, se ofrece además información relativa al número nacional de inscripción, fecha de inscripción, domicilio y actividad social.

En la práctica, se trata de un mecanismo de publicidad muy apreciado por los ciudadanos, ya que no solamente resulta útil a la hora de descartar nombres iguales o confusos al constituirse una asociación sino que permite obtener listados completos de asociaciones por materias y de los registros de pertenencia.

4. La función de contabilidad sobre las asociaciones de utilidad pública

Junto con las funciones registrales típicas de procedimiento, registro y publicidad, se presentan otras de distinto alcance en los registros de personas jurídicas, como puede ser el control y depósito de sus cuentas. En nuestro ámbito, la Ley atribuye al encargado del RNA el control de la exactitud de las cuentas anuales de las asociaciones, pero no de todas, sino sólo respecto de las asociaciones declaradas de utilidad pública de ámbito estatal.

El régimen básico de las asociaciones de utilidad pública se contiene en el Capítulo VI LODA (artículos 31 a 36) y en el Real Decreto 1740/2003, de 19 de diciembre, sobre procedimientos relativos a asociaciones de utilidad pública. Conforme a esta normativa las asociaciones que lleven inscritas, al menos, dos años, podrán solicitar la obtención de este reconocimiento, adjuntando a la solicitud abundante documentación entre la que se encuentra las memorias de actividades y las cuentas de los dos años inmediatamente anteriores. Si la asociación alcanza la condición de «asociación de utilidad pública», queda obligada a la rendición anual de cuentas.

La declaración de utilidad pública de las asociaciones es una medida de fomento que está sujeta al cumplimiento de importantes requisitos, comenzando por la presentación de las memorias de actividades y las cuentas anuales que acrediten que la entidad realiza actividades de interés general y que dispone de una organización idónea para su efectiva realización. En concreto, la solicitud que se presente a tales efectos deberá ir acompañada de los siguientes documentos:

a) *Memorias*, en las que se reflejen las actividades que la entidad haya desarrollado ininterrumpidamente durante los dos ejercicios económicos anuales precedentes a aquel en que se presenta la solicitud. Ambas memorias, una por cada ejercicio económico, deberán estar firmadas por los miembros de la junta directiva[46].

b) *Cuentas anuales* de los dos últimos ejercicios cerrados, comprensivas del balance de situación, la cuenta de resultados y la memoria económica, que muestren la imagen fiel del patrimonio, de la situación financiera y de los resultados de la entidad. Dichos documentos se presentarán identificados (denominación, entidad a que corresponden y ejercicio a que se refieren) y firmados por los miembros de la junta directiva[47].

---

[46] Este documento deberá presentarse según lo dispuesto en la Orden INT/1089/2014, de 11 de junio, por la que se aprueba el modelo de memoria de actividades a utilizar en los procedimientos relativos a asociaciones de utilidad pública.

[47] Las cuentas se formularán conforme a lo dispuesto en el Real Decreto 1491/2011, de 24 de octubre, por el que se aprueban las normas de adaptación del Plan General de Contabilidad a las entidades sin fines lucrativos, y en la Resolución de 26 de marzo de 2013, del Instituto de Contabilidad y Auditoría de Cuentas, por la que se aprueba el Plan de Contabilidad de las entidades sin fines lucrativos.

De dictarse resolución favorable a la declaración de utilidad pública por el Ministerio del Interior, el RNA practicará de oficio un asiento en la hoja registral de la asociación expresivo de esta circunstancia, y la asociación vendrá obligada, año a año, a rendir cuentas ante el RNA en el plazo de los seis meses siguientes al cierre del ejercicio económico precedente.

En efecto, una vez obtenido este reconocimiento, las entidades asociativas están obligadas por la LODA: a) a facilitar a la Administración competente, en cualquier momento, los informes que le sean requeridos en relación con las actividades realizadas en cumplimiento de sus fines; b) a presentar una memoria de actividades, descriptiva de las realizadas en el ejercicio anterior[48]; y c) a presentar las cuentas anuales del ejercicio anterior, comprensivas del balance de situación, la cuenta de resultados y la memoria económica, que expresen la imagen fiel del patrimonio, de los resultados y de la situación financiera, así como el origen, cuantía, destino y aplicación de los ingresos públicos percibidos. También están obligadas a aportar un certificado del acuerdo de la asamblea general de socios que contenga la aprobación de las cuentas anuales y el nombramiento, en su caso, de auditores. Es decir, presentarán un informe de auditoría de las cuentas anuales si la entidad estuviera afectada por una o por las dos circunstancias siguientes: a) que esté obligada a formular cuentas anuales en modelo normal; b) que hubiese recibido subvenciones o ayudas con cargo a los presupuestos de las Administraciones Públicas o a fondos de la Unión Europea, por un importe total acumulado superior a 600.000 euros[49]. Las cuentas y la memoria de actividades, o éstas junto con el informe de auditoría, se presentarán dentro de los seis meses siguientes a la finalización del ejercicio económico anterior. Si el ejercicio económico coincide con el año natural y, en consecuencia, se cierra el 31 de diciembre, la fecha límite de presentación es el 30 de junio del año siguiente.

A la vista de todo lo anterior, el RNA verifica respecto de cada una de las asociaciones de utilidad pública que, en primer término, presentan las cuentas y demás documentación, incluida en su caso el informe de auditoría, dentro del plazo establecido y, en segundo lugar, que presentadas se ajustan a la normativa vigente. Tanto la presentación extemporánea como la presentación en plazo pero incompleta o completa pero con irregularidades contables insubsanables son causa de revocación de la utilidad pública, pero esta circunstancia, ciertamente gravosa, no tiene más reflejo registral que el de la cancelación del asiento que daba noticia del beneficio ya perdido, sin conllevar en modo alguno el cierre de la hoja registral.

---

[48] Este documento deberá presentarse según lo dispuesto en la Orden INT/1089/2014, de 11 de junio, por la que se aprueba el modelo de memoria de actividades a utilizar en los procedimientos relativos a asociaciones de utilidad pública.

[49] Esta obligación deriva de lo dispuesto en la Disposición Adicional Segunda del Real Decreto 1517/2011, de 31 de octubre, por el que se aprueba el Reglamento que desarrolla el texto refundido de la Ley de Auditoría de Cuentas, aprobado por el Real Decreto Legislativo 1/2011, de 1 de julio.

Por último, y como ya se ha apuntado, el Real Decreto 1740/2003, de 19 de diciembre, establece que los registros de asociaciones conservarán las cuentas anuales y los documentos complementarios depositados durante seis años a contar desde la recepción de la rendición de cuentas. En realidad, tanto las cuentas originales como las sucesivas quedan en depósito en el RNA para su constancia y publicidad mientras la asociación se mantiene en su condición de «asociación de utilidad pública».

Capítulo VII. El funcionamiento del Registro Nacional de Asociaciones

En el capítulo anterior hemos analizado «qué» hace el Registro, y el presente capítulo lo dedicaremos a conocer «cómo» lo hace, es decir, a conocer los medios materiales disponibles y el conjunto de funcionarios que día a día despliegan las tareas necesarias para la correcta prestación del servicio.

1. El personal del Registro

Por lo que se refiere a la plantilla, el RNA ha venido contando con un número relativamente estable de funcionarios y funcionarias, que se puede determinar entre diez y quince personas desde la mitad de la década de 1980 hasta la actualidad. Este dato es ilustrativo de la gran capacidad de trabajo de dicho personal, debido a que el RNA es un servicio es constante expansión y, lógicamente, no es lo mismo gestionar un registro con un número estable de asociaciones que gestionar un registro con un número creciente de asociaciones. En efecto, año a año es mayor el número de solicitudes a atender porque, al margen de las nuevas asociaciones que se constituyen, todas las ya registradas solicitan de forma continua la actualización de la respectiva situación asociativa, así como la emisión de los documentos propios de la publicidad registral (certificaciones, notas simples o listados). Y todo ello sin perjuicio, por un lado, de la frecuente relación con los órganos judiciales y fiscalías, y la regular cooperación con órganos administrativos y demás registros, y, por otro, de la atención a la ciudadanía por distintas vías, como son la atención telefónica, la que se realiza a través de un correo electrónico corporativo de consultas y la que se hace mediante la atención personalizada a aquellos interesados que desean acceder a los expedientes, lo que en ocasiones conlleva la expedición gratuita de copias.

El RNA crece a un ritmo sostenido anual de entre dos mil y tres mil entidades asociativas que, como decimos, son administradas por el mismo número de personas desde hace décadas, constituido en la actualidad por una jefa de Área, dos jefes de Servicio, cuatro instructores/as de expedientes del Cuerpo general Administrativo y siete funcionarios/as del Cuerpo General Auxiliar, además de otros dos instructores para el trámite de rendición de cuentas de las asociaciones declaradas de utilidad pública, todos ellos actuando bajo la dirección y coordinación del subdirector general y de la subdirectora adjunta. Esta plantilla constante, insistimos, gestionaba las veinte mil entidades inscritas en 2002, cuando se publicó la LODA, y ahora en

2025, con gran vocación de servicio y esfuerzo, gestiona eficazmente las casi setenta mil entidades inscritas, de las cuales alrededor de mil están declaradas de utilidad pública.

Es previsible que la inscripción misma y la actualización de datos, el depósito de cuentas, así como la emisión de certificados y demás tareas, en tanto que procedimientos sujetos a plazos y actos necesarios para la correcta actuación de las asociaciones en el tráfico jurídico, económico y social, se sigan tramitando con idéntico número de personas, aun cuando el RNA, en un futuro no muy lejano, alcance las cien mil entidades, lo que reforzará la meritoria labor de este equipo.

Un equipo de personas, además, imprescindible, ya que los sucesivos recursos técnicos o tecnológicos puestos a su disposición sólo se pueden considerar de mero apoyo a su labor. En efecto, del control de legalidad o análisis de los numerosos requisitos de actas y estatutos, y más si a éstos se añaden contenidos complementarios a los preceptivos, así como de los complejos documentos integrantes de la rendición de cuentas, derivan actos de calificación que siempre serán resultado del ejercicio intelectual de las personas. Dicho control nunca será sustituible por los recursos de las nuevas tecnologías, ni tan siquiera de los que pueda facilitar la inteligencia artificial, de manera que los intentos por automatizar la valoración jurídica en este ámbito, incluida la penal, como en tantos otros de la Administración, están condenados a fracasar. Como se verá más adelante, el Registro se está dotando de una avanzada aplicación informática llamada ASOCIA2, que permitirá la más correcta organización de los trabajos y agilidad en la tramitación de los procedimientos, pero que hay que considerar como tal, como una herramienta más de las que ha contado el Registro a lo largo de la historia para la realización de sus funciones, sin que la misma, aun evolucionada en años venideros, vaya a restar ningún efectivo humano de la cadena de trabajo[50].

2. Los medios materiales del Registro hasta 2004

Para el desarrollo de su trabajo, el equipo referido siempre contó con los medios materiales necesarios, aunque en un permanente contexto de contención del gasto público que ha hecho que tales recursos, a diferencia del sector privado, no siempre fueran los más novedosos y, una vez implantados, su uso se extendiera en el tiempo más de lo debido.

Desde el año partida de 1965 hasta 1990 el RNA, según hemos dicho, estuvo ubicado en la tercera planta de la calle Amador de los Ríos, número 7, bajo la dependencia de

---

[50] No se avista a medio plazo que el RNA vaya a incorporar a ninguna persona con el perfil profesional que se ha dado en llamar «cuidador de la inteligencia artificial», competente para dirigir y supervisar la interacción de humanos y máquinas en caso de adopción por las organizaciones de las herramientas propias de la IA.

la Dirección General de Política Interior, y su manera de funcionar no experimentaría grandes cambios en todo ese periodo.

Para la tramitación de los procedimientos de inscripción los empleados disponían de máquinas de escribir, y con ellas se redactaban las resoluciones y la hoja registral. Las *resoluciones* eran básicamente de dos tipos, de alta en el Registro y de modificación de estatutos. Se emitían por triplicado, usando para ello papel-calco. La resolución original quedaba en el Registro, una segunda copia era la comunicación que se realizaba al registro provincial correspondiente al domicilio social y la tercera consistía en la notificación a la entidad interesada. Esta última notificación se acompañaba de una copia de los estatutos diligenciados por el Registro para garantía de la asociación. Los empleados tenían a su disposición una fotocopiadora compartida con otras unidades, pero de escaso uso dado que los interesados estaban obligados a presentar los estatutos por triplicado y era precisamente uno de estos ejemplares el que se devolvía sellado en todas sus hojas y visado en la última para expresa constancia de que eran los efectivamente depositados, con firma del jefe de la sección y fecha. Esto se hacía a mano con los tradicionales sellos de caucho y su correspondiente tampón de tinta. Otras inscripciones eran las de apertura de delegaciones, incorporación de asociaciones a federaciones y disoluciones, no estando prevista la inscripción de las juntas directivas. A estos efectos, las asociaciones comunicaban directamente al Gobierno Civil los cambios en la composición del órgano de representación. Una vez inscritas las asociaciones, se formaba su *hoja registral,* que consistía en un papel-cartón, tamaño folio A4, cuyos campos se rellenaban también con máquina de escribir, añadiéndose al dorso de la misma forma las modificaciones de estatutos o de otra naturaleza que procedieran. Una vez se completaban las hojas registrales, se guardaban en gavetas identificadas por provincias y, dentro de cada una, se ordenaban las asociaciones por orden alfabético, quedando en los propios despachos de los funcionarios por su frecuente uso. La hoja registral contenía el número nacional de la asociación y otro con referencia al protocolo o conjunto de documentos que servían de base a las inscripciones, integrado por el acta fundacional, los estatutos, la resolución de alta y las sucesivas resoluciones de inscripción. Estos documentos del protocolo se guardaban en cajas de color rojo oscuro con sistema de apertura y cierre con gomas, en un despacho-archivo diferente. Estas cajas, con el tiempo, resultaron ser desaconsejadas por los riesgos que para los funcionarios generaba su manipulación e incluso, en función de las condiciones ambientales, inadecuadas para la conservación documental, por lo que se decidió la adquisición de cajas normalizadas de color blanco con las debidas garantías, que son las que hoy, en su mayoría, se encuentran depositadas en la sede de la calle Cea Bermúdez, 35, de Madrid, en tres archivos adjuntos a los despachos de los funcionarios y de constante consulta.

Imágenes 7, 8 y 9. Archivos de gestión del Registro Nacional de Asociaciones.

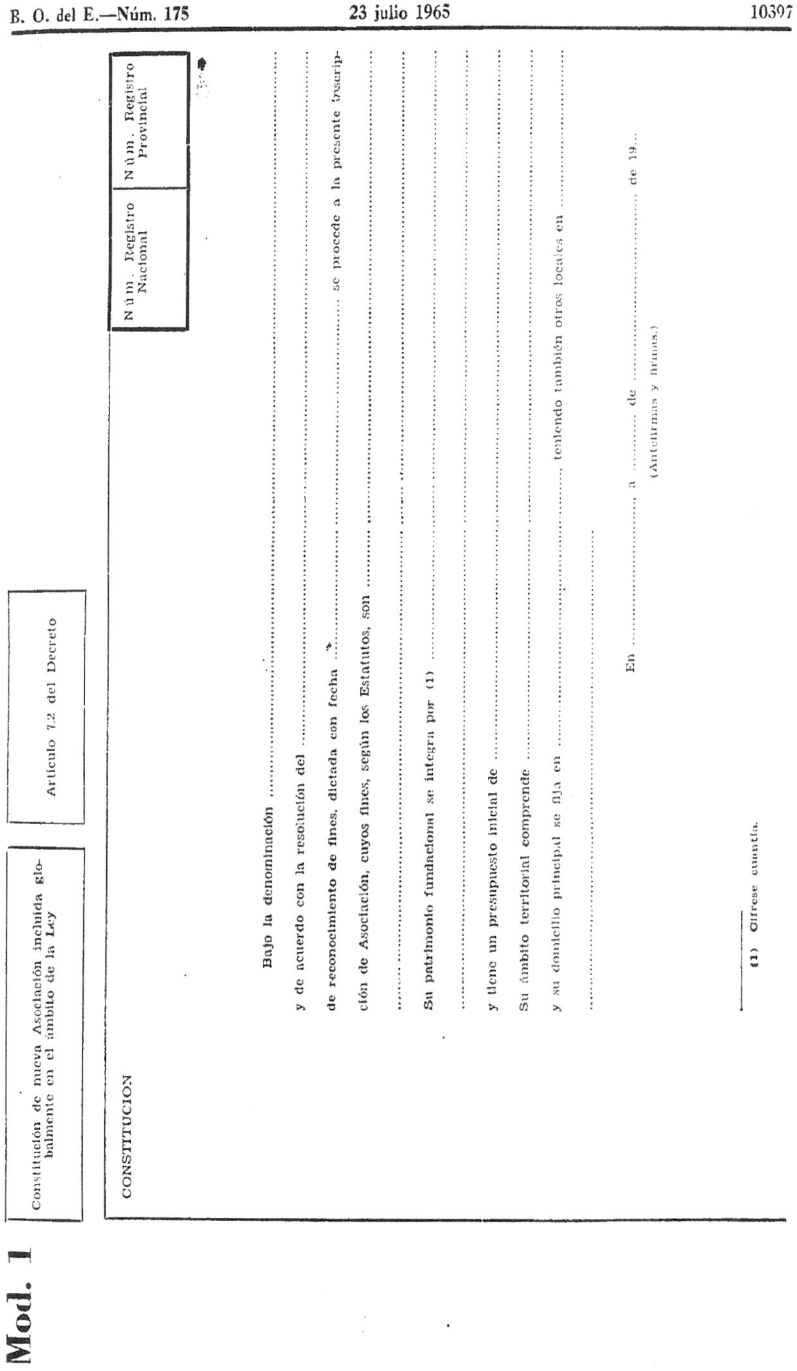

B. O. del E.—Núm. 175   **23 julio 1965**   10397

Mod. 1

Constitución de nueva Asociación incluida globalmente en el ámbito de la Ley

Artículo 7.2 del Decreto

CONSTITUCION

Núm. Registro Nacional	Núm. Registro Provincial

Bajo la denominación ....

y de acuerdo con la resolución del ....

de reconocimiento de fines, dictada con fecha .... se procede a la presente inscripción de Asociación, cuyos fines, según los Estatutos, son ....

....

Su patrimonio fundacional se integra por (1) ....

....

y tiene un presupuesto inicial de ....

Su ámbito territorial comprende ....

y su domicilio principal se fija en .... teniendo también otros locales en ....

....

En .... a .... de .... de 19...

(Antefirmas y firmas.)

——————
(1) Ofrécese cuantía.

Imagen 10. Modelo de hoja registral del Registro Nacional de Asociaciones entre 1965 y 2005 (asiento de ingreso).

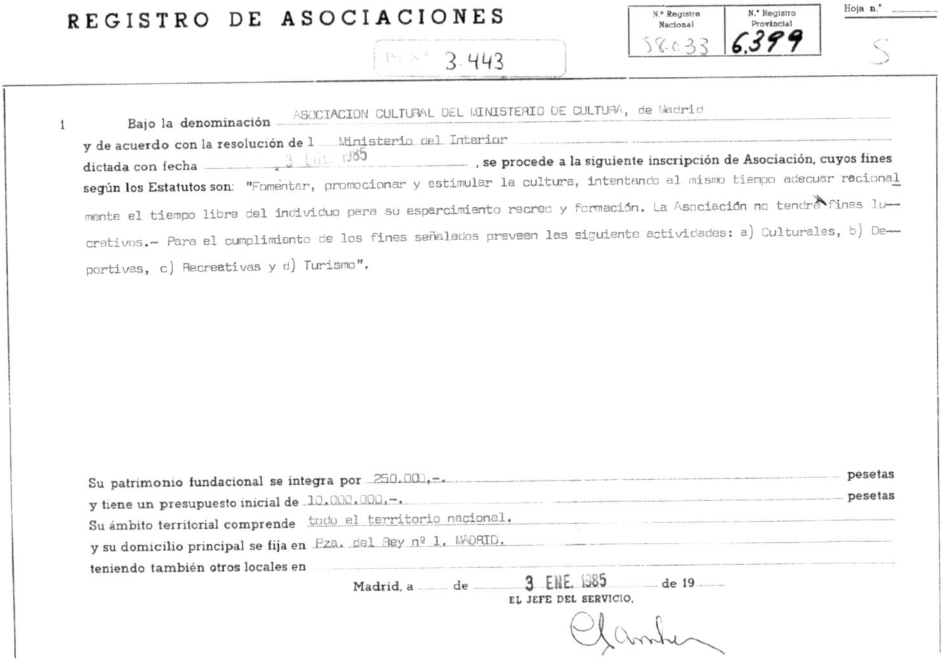

REGISTRO DE ASOCIACIONES

N.º Registro Nacional: 58.033
N.º Registro Provincial: 6.399
Hoja n.º: S

Págs. N.º 3.443

1 Bajo la denominación ASOCIACION CULTURAL DEL MINISTERIO DE CULTURA, de Madrid
y de acuerdo con la resolución de l Ministerio del Interior
dictada con fecha 3 Ene. 1985 , se procede a la siguiente inscripción de Asociación, cuyos fines
según los Estatutos son: "Fomentar, promocionar y estimular la cultura, intentando al mismo tiempo adecuar racional
mente el tiempo libre del individuo para su esparcimiento recreo y formación. La Asociación no tendrá fines lu—
crativos.— Para el cumplimiento de los fines señalados preveen las siguiente actividades: a) Culturales, b) De—
portivas, c) Recreativas y d) Turismo".

Su patrimonio fundacional se integra por 250.001.—.   pesetas
y tiene un presupuesto inicial de 10.000.000.—.   pesetas
Su ámbito territorial comprende todo el territorio nacional.
y su domicilio principal se fija en Pza. del Rey nº 1. MADRID.
teniendo también otros locales en

Madrid, a   de   3 ENE. 1985   de 19
EL JEFE DEL SERVICIO,

Imagen 11. Ejemplo de hoja registral en 1985.

La verdadera modernización comenzó cuando en 1990 el RNA pasó a depender de la Secretaría General Técnica. Pero antes veamos cómo ese mismo año se produjo el traslado desde la sede de Amador de los Ríos, 7. Al Área de Asociaciones se le adjudicó una parte de la planta baja y otra parte de la primera planta del edificio de la calle Cea Bermúdez, 35. En ésta quedaba el despacho del subdirector y su antedespacho con dos secretarias, y tres despachos más para funcionarios de niveles 28 y 29. En la planta de abajo se situaba el resto del personal, compuesta por el despacho del jefe de Área de Asociaciones, con un antedespacho con tres puestos de trabajo; dos despachos para los jefes de servicio del Registro y de Utilidad Pública; y tres amplios despachos tipo pool con capacidad para entre cuatro y seis funcionarios.

La llegada se acompañó de la correspondiente dotación de mobiliario, constando sucesivas peticiones a la Oficialía Mayor del estilo de armarios con llave, ficheros-archivadores, sillones articulados y sillas de confidente, lámparas de mesa, percheros, escaleras de huella ancha para alcanzar los expedientes, etc., así como diverso material de oficina (folios, sobres y carpetillas, bolígrafos y rotuladores, gomas de plástico y grapas, pegamento, celo y tinta, corrector líquido y notas de quita y pon). También se añadirían, como veremos, otros instrumentos como teléfonos, fotocopiadoras, impresoras y fax. Igualmente se adquirieron algunos manuales de legislación general, de orden constitucional y administrativo, y penal, así como algunas obras específicas sobre el derecho de asociación, no ciertamente abundantes, como apoyo al trabajo de los funcionarios.

Las características peculiares de la planta baja también exigieron de cierta adaptación. Se trataba de una zona cerrada con cristales translúcidos y sin apertura hacia el exterior. Por un lado, debido a la falta de suficiente iluminación, inmediatamente se colocaron el número adecuado de pantallas de tubos fluorescentes en el techo. Por otro, la falta de ventilación natural generaba un aire viciado por humo, polvo y calor, provocando en los funcionarios, entre otros síntomas, reacciones alérgicas. De forma progresiva se fueron acometiendo las correspondientes correcciones medioambientales hasta que el 26 de abril de 2000 la Oficialía Mayor comunicó lo siguiente: «*En relación con la demanda de una mayor ventilación en determinadas zonas de la planta baja del edificio sito en la calle Cea Bermúdez, 35-37, donde se ubican Unidades Administrativas adscritas a la Subdirección General de Estudios y Relaciones Institucionales del Departamento, una vez delimitado el problema existente así como las causas que lo han generado, se ha procedido al estudio de las medidas correctoras encaminadas a aumentar la renovación de aire exterior en la zona afectada, próxima a los despachos B-17, B-18 y B-19, previéndose en un 90% el incremento de la aportación de aire existente, cifra altamente satisfactoria, que se realizará mediante la incorporación de un nuevo equipamiento de climatización, con producción de frío y calor como complemento al actual allí instalado, lo que conlleva la tramitación y aprobación del oportuno expediente administrativo, estimándose la terminación de la instalación que se pretende en un plazo de 45 a 60 días*».

Verificado todo lo anterior en cuanto a condiciones físicas, un primer avance en la modernización del Registro fue la sustitución de las máquinas de escribir por procesadores de texto con teclado y pantalla, que permitían la inserción de disquetes. Sin embargo, la complejidad del servicio y la cada vez mayor demanda de las asociaciones llevó a solicitar un equipo mínimo y más completo. En este sentido, consta un informe de la Vicesecretaría General Técnica de 1994 titulado «Informatización del Registro Nacional de Asociaciones», y dirigido al entonces Centro de Sistemas, en el que se hace un diagnóstico de la situación y se pide dotar a la unidad y a los puestos de trabajo con determinados elementos:

«*Con fecha 27/07/1994 se ha recibido en este Registro diverso material informático –hardware– que se considera una primera entrega de lo que debe constituir la dotación básica para el funcionamiento informatizado de esta Unidad.*

El equipo de esta primera entrega por sí sólo no resulta operativo ya que carece de algunos elementos fundamentales para su adaptación a las necesidades materiales del Registro. Por otra parte es insuficiente para cubrirlas todas, teniendo en cuenta que no sería eficaz dotar de esta herramienta de trabajo a parte de la cadena funcional y a parte no, ya que el estrangulamiento de cualquier fase produciría el retraso de las restantes».

Con esto último se quería decir que el Registro era un todo integrado que precisaba de un equilibrado funcionamiento de las secciones encargadas de la inscripción de primer ingreso de las asociaciones, de los cambios asociativos y de la emisión de la publicidad, de tal forma que disponer de medios divergentes supondría romper el principio secuencial en el que se basa. Por ello, el informe continúa diciendo:

«Previa consulta a personal especializado de la Subdirección General de Sistemas de Información de este Departamento, se llega a la conclusión de que la instalación de un equipo básico completo adaptado a las necesidades del Registro, necesita los siguientes elementos además de los ya entregados:

1. *Tendido de cables e instalación de una red local para uso informático.*
2. *Dotación de dos equipos más de trabajo, lo que supone el siguiente material: 2 PC´s FUJITSU S-500 B233-21; 2 Monitores Color SVGA FCM-246L; 2 Teclados FSK-102M; 2 Ratones tipo PS/2; 2 Accesorios Software S-500*
3. *Para atender la impresión del trabajo realizado en todos los PC´s suministrados y solicitados, es necesario complementar la impresora que se ha suministrado con otras dos de las mismas características: 2 Impresoras HP LaserJet 41, 300 DPI Hewlett Packard.*
4. *Consecuentemente con las unidades hardware que han de componer el equipo completo habría que solicitar licencias de utilización del material software que hay que emplear. En principio son necesarias: 8 licencias de Word Perfect 6.2; 8 licencias Windows 3.2; 2 licencias DBASE IV.*
5. *Cursos de formación para usuarios: 1 curso de 10 horas de MSDOS 6.2; 1 curso de 25/35 horas de Word Perfect 6.2; 1 curso de 10/15 horas de Windows 3.2; 1 curso de 15/20 horas de DBASE IV.*

Para atender a otras necesidades del Servicio, que la práctica ha impuesto y la propia Ley 30/1992 introduce, resulta ya imprescindible contar con un aparato de fax conectado a la red telefónica para lo cual existen líneas en esta Unidad. Sería preciso habilitar una de esas líneas y suministrar al Registro: 1 aparato de Fax modelo CANON FAX-450».

Al año siguiente, el Centro de Sistemas comenzó a diseñar una base de datos para el Registro, que contó con las valiosas aportaciones de sus funcionarios, directamente conocedores de las necesidades que debía cubrir dicho programa. En paralelo, se contrató a una empresa externa para la digitalización de las hojas registrales. El resultado fue el aplicativo denominado TRAMAS, que estructuró debidamente la información por cada una de las entidades asociativas registradas y ya consideró la importancia de generar estadísticas. El mismo empezaría a funcionar en 1998, coincidiendo con la creación de la Subdirección General de Estudios y Relaciones Institucionales dentro de la Secretaría General Técnica, a la que se le atribuyó la gestión del RNA. La aplicación se adaptaría más adelante a los cambios introducidos por la Ley 4/1999, de 13 de enero, de modificación de la Ley 30/1992, de 26 de noviembre, de régimen jurídico de las Administraciones Públicas y del procedimiento administrativo común. Una de las últimas novedades a finales de la década de 1990 fue la instalación de máquinas escáneres como medio para anexar en la aplicación imágenes de los principales documentos asociativos privados, acta fundacional y estatutos.

A pesar de estos avances y de estar a finales del siglo XX, todavía se actuaba en el Registro con instrumentos puramente mecánicos. Ya hemos dicho que la devolución de los estatutos a las asociaciones se hacía mediante el tedioso método de sellar manualmente todas sus páginas, en número variable que podía ir de diez a cincuenta. Para aliviar esta tarea, en 1999 el Registro dispuso de una máquina-troquel que permitía en un solo acto perforar todas las hojas de los estatutos con la marca «RNA», lo que, en cualquier caso, no excusaba realizar la nota-diligencia en la última hoja firmada por el jefe del servicio. El texto tipo era el siguiente: «*Visados e incorporados al Registro Nacional de Asociaciones, protocolo número ..., en virtud de resolución..., El Jefe de Servicio*». Este sistema, además, vino aconsejado por el conocimiento de situaciones de fraude derivadas de la relativamente fácil manipulación de los sellos de caucho, que se podían adquirir en determinados establecimientos y con ellos diligenciar falsamente los estatutos. Con estas justificaciones, como decimos, se compró una «máquina trepadora» de las siguientes características: «*Modelo: Eléctrico con sello fijo M. Interior en curvo y R.N.A. en recto; Punzones: Reforzados de 1,2 mm. de diámetro; Capacidad de Perforación: 20-30 hojas (según gramaje)*».

No menos rudimentaria era la tarea de anonimizar los abundantes datos de carácter personal que constan en los documentos depositados en el Registro, una tarea enmarcada dentro de su potente función de publicidad que se hacía mediante la previa fotocopia de tales documentos y la técnica de tapar las palabras clave con el pincel y líquido blanco del popularmente producto conocido como Tipp-Ex. Otra importante labor como era la comparación entre la denominación de la asociación solicitante de la inscripción y las denominaciones de las asociaciones ya inscritas, para detectar y, en consecuencia, evitar la coincidencia o similitud de nombres determinantes de confusión, se realizaba por los funcionarios a partir de determinados criterios de experiencia, sin apoyo técnico de tipo alguno. De igual forma, las numerosas notificaciones de los no menos numerosos procedimientos de inscripción se hacían a través del Servicio de Correos con el sistema tradicional de cartas certificadas con acuse de recibo y, en caso de no resultar satisfactorias, mediante anuncios en el Boletín Oficial del Estado.

La disociación de datos se sigue haciendo en la actualidad con los mismos métodos manuales. La comparativa denominativa tradicional se mantuvo hasta 2005 cuando el servicio «Fichero de denominaciones» se instaló en la aplicación informática del Registro y en la misma Web del Ministerio del Interior, permitiendo búsquedas automáticas en cuestión de segundos tanto por los funcionarios como por los interesados. La notificación en papel dirigida al domicilio de la asociación, así como en su caso el correspondiente anuncio, se sustituyeron en el primer trimestre de 2022 por la notificación electrónica desde la plataforma Notific@. Y la perforación de los estatutos en papel se realizó igualmente hasta 2022, quedando sustituida esta práctica, así como la diligencia final, por la impresión de la firma electrónica CSV en un margen de la primera página de los estatutos, aunque sólo respecto de las nuevas asociaciones inscritas a partir de tal año. Quiere esto decir que, como el protocolo del Registro no está digitalizado en su totalidad, dicha «máquina trepadora» existe y se sigue utilizando para el ejercicio de la función de publicidad en aquellos casos de solicitudes de copia de los estatutos de las asociaciones inscritas con anterioridad, como medio válido de garantía del depósito.

Imagen 12. Máquina trepadora para la perforación de documentos depositados en el Registro Nacional de Asociaciones.

3. Los medios materiales del Registro desde 2005. El impacto de la administración electrónica

De vuelta en el tiempo, observaremos que en cuestión de año y medio se publicaron la ley orgánica de asociaciones (2002) y el reglamento del RNA (2003), dando continuidad a la segunda etapa del Registro a la que nos hemos referido en la Introducción. La aprobación de la LODA pero, especialmente, del Reglamento de 2003, supuso un importante cambio en la configuración del RNA, por lo que se hacía necesaria una aplicación informática que respondiera a los nuevos requerimientos. Las alternativas pasaban por un nuevo aplicativo o evolucionar TRAMAS. Se optó por lo primero, dando lugar a la aplicación ASOCIA, diseñada por la subdirección general del Centro de Sistemas de la Información del Ministerio del Interior e implantada en 2005. La aplicación superó los últimos rescoldos del trabajo en red y reforzó la coordinación del equipo, al actuar conjuntamente los funcionarios con una única plataforma.

La aceptación se produjo en 2004, cuando el subdirector general de Estudios y Relaciones Institucionales dirigió al Centro de Sistemas un oficio del siguiente tenor:

«En relación con el informe que me remite el día 11 de marzo pasado sobre la nueva Aplicación de Asociaciones, en el que se tratan diversos aspectos resultantes de las conversaciones y los trabajos elaborados por esa Unidad con la información recibida de los encargados del Registro Nacional de Asociaciones, le comunico que éste ha sido examinado y, en principio, con independencia de las adaptaciones que pudiera requerir una vez se realicen las pruebas correspondientes, parece que atiende a las necesidades de dicho Registro».

Y por la importancia de la hoja registral y del certificado derivado de sus datos, se añadía:

«El artículo 31.1 del Real Decreto 1497/2003 establece la posibilidad de que el RNA elabore las Holas registrales por procedimientos informáticos. Se ha trasladado a los técnicos del Centro de Sistemas de la Información la voluntad de sustituir la actuales Hojas registrales del RNA, que se confeccionan en papel cartón y deben extraerse y archivarse manualmente cada vez que se refleja en ellas cualquier asiento, por otras que contengan los datos de las inscripciones y sus modificaciones, ordenadas y almacenadas en soporte informático. Estas Hojas deben ir creando un archivo histórico de asientos. Estos asientos han de poderse consultar directamente a través de un terminal o pantalla en las oficinas del RNA, y permitir la expedición de un certificado que contenga todos o algunos de los asientos que se hayan efectuado desde el alta hasta la disolución y baja en el Registro de una asociación inscrita».

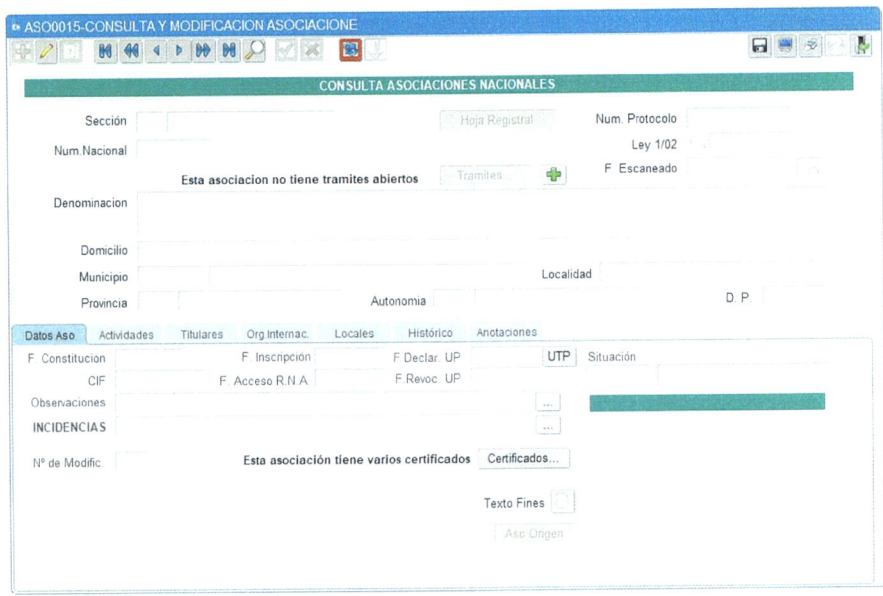

Imagen 13. Pantalla principal de la aplicación del Registro Nacional de Asociaciones ASOCIA.

En este tiempo desaparecieron dos requisitos de la hoja registral de las asociaciones, el «patrimonio fundacional» y el «presupuesto inicial», exigidos por la Orden de 10 de julio de 1965, así como apareció y desapareció la constancia registral del «dominio web» en la Ley 34/2002, de 11 de julio, de servicios de la sociedad de la información y de comercio electrónico (artículo 9) y en la Ley 56/2007, de 28 de diciembre, de medidas de impulso de la sociedad de la información (artículo 4.3), respectivamente.

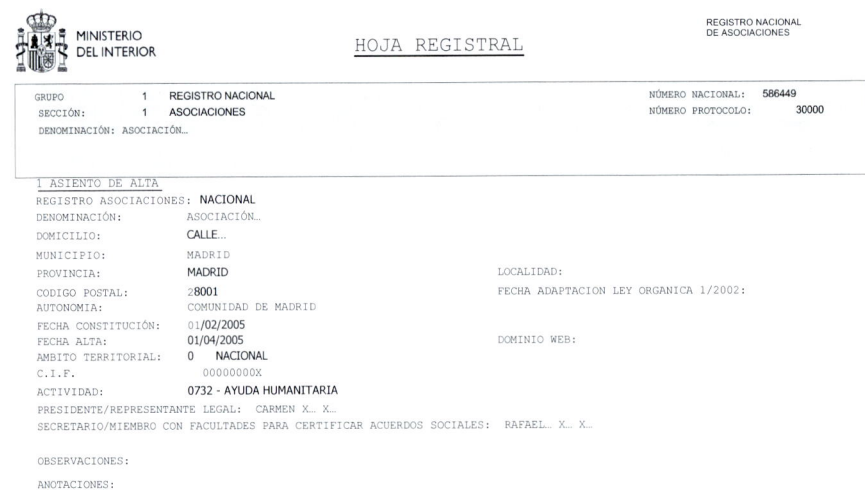

Imagen 14. Hoja registral del Registro Nacional de Asociaciones entre 2005 y 2025 (inscripción de alta).

Al igual que otras unidades, en 2007 el RNA se dotó del primer correo corporativo, para facilitar las comunicaciones internas así como con los interesados, que quedó identificado como rna@guzman.mir.es, hoy renombrado como rna@interior.es, al que se añade utilidadpublica@interior.es. Y en 2009 se impulsó la mejora de la atención telefónica del RNA a la ciudadanía, tanto en lo relativo a la información de carácter general como respecto de aquella que afectara a los procedimientos en trámite, a través del canal 060 y de dos números propios.

En medio de todo este proceso, 2015 resultaría un año decisivo para el Registro por los importantes efectos derivados tanto de la nueva ley general del procedimiento administrativo común como del nuevo reglamento de organización y funcionamiento impulsado por la Subdirección General de Asociaciones, Archivos y Documentación.

Con carácter general, y a partir de los precedentes de la Ley 30/1992, de 26 de noviembre, que avanzó el uso de técnicas informáticas, electrónicas y telemáticas, y, sobre todo, de la Ley 11/2007, de 22 de junio, que dio un gran impulso a la administración electrónica, la vigente Ley 39/2015, de 1 de octubre, del procedimiento administrativo común de las Administraciones Públicas (LPAC) asienta el concepto de la administración digital como la forma normal de actuación en las Administraciones Públicas. El planteamiento general de la LPAC, con su enfoque *ad extra*, parece contemplar como destinatarios de la misma a ciudadanos y empresas, los cuales tienen reconocido el derecho «*a ser asistidos en el uso de medios electrónicos en sus relaciones con las Administraciones Públicas*».

Sin embargo, este planteamiento encuentra importantes precisiones y excepciones en el texto positivo. Para los ciudadanos, nombrados personas físicas en el artículo 14.1, se establece la posibilidad de elegir si, para el ejercicio de sus derechos y obligaciones, se comunican con las Administraciones Públicas a través de medios electrónicos o no, y el derecho a ser asistidos por funcionarios públicos en el uso de tales medios, especialmente en lo referente a la identificación y firma electrónica, presentación de solicitudes ante el registro electrónico general y obtención de copias auténticas. Para las empresas, que se transforman en el más amplio concepto de personas jurídicas en el artículo 14.2, no se establece ninguna alternativa sino la directa obligación de relacionarse con las Administraciones Públicas a través de medios electrónicos y, además, sin derecho a ser asistidos por funcionarios públicos en el uso de los mismos.

Este segundo régimen es el que afecta a las asociaciones y de manera significativa. Primero porque, a diferencia del resto de entidades del sector lucrativo y no lucrativo, que alcanzan la personalidad jurídica a partir de su inscripción en el registro público correspondiente, las asociaciones son *ex lege* personas jurídicas desde el mismo momento de formalizar el acta fundacional y, por tanto, antes y al margen del Registro, con el efecto de que, a partir de ese instante, cualquier trámite con la Administración, incluida la lógica y primaria solicitud de inscripción registral, se debe realizar, no en papel ante la oficina de asistencia en materia de registros, sino por medio del registro electrónico general de la Administración que resulte competente. Es decir, que las asociaciones, ya de por sí las entidades más débiles de la sociedad civil organizada, y a diferencia de, por ejemplo, sociedades mercantiles o fundaciones, no disponen tan siquiera del tiempo «en formación» necesario para desarrollar la estructura idónea e incorporar los recursos mínimos en orden a iniciar su actividad administrativa, siendo compelidas a establecer una relación electrónica directa e inmediata con la Administración desde la fecha misma de su nacimiento. Y segundo porque, a diferencia de las personas físicas, las asociaciones no tienen derecho a ser asistidas por funcionarios públicos en el uso de medios electrónicos, incluida la presentación de solicitudes a través del registro electrónico, cuando, en realidad, en la mayoría de las asociaciones que se crean intervienen en origen tres personas físicas, de cualquier condición personal o social, sin tiempo, como decimos, para mínimamente organizarse y dotarse de medios con vistas a interactuar de forma inmediata con la Administración de manera electrónica. Como mucho, el funcionario les podría indicar que hasta que no verifiquen la presentación electrónica no se entenderá iniciado el procedimiento, que es lo que establece el artículo 68.4 LPAC en claro beneficio para la Administración[51]. No obstante, para no dejar abierta la posibilidad de presentación de manera indefinida y vincular la solicitud en papel al procedimiento, el artículo 14.1 del Reglamento de la LPAC vino a matizar que la falta de presentación electrónica de la solicitud puede derivar en una resolución de desistimiento[52].

Se evidencia aquí la importancia de los promotores de la asociación, no sólo porque, como sujetos obligados y responsables de la inscripción registral, les incumbe tomar la iniciativa en la presentación de la solicitud, sino porque también han de disponer de equipos y reunir los conocimientos y habilidades necesarias para preparar la documentación y subirla correctamente al registro electrónico de la Administración del que dependa el registro de asociaciones, el cual, cabe advertirlo, es una unidad administrativa diferenciada que ninguna relación guarda con dicho registro electrónico general, por lo que en ningún caso deberían confundirse.

Según lo anterior, la LPAC impide que los promotores de las asociaciones puedan formalizar la solicitud de inscripción registral en papel, con la dificultad añadida de que la documentación complementaria a aportar por medios electrónicos, básicamente

---

[51] Artículo 68.4 LPAC: «Si alguno de los sujetos a que hace referencia el artículo 14.2 y 14.3 presenta su solicitud presencialmente, las Administraciones Públicas requerirán al interesado para que la subsane a través de su presentación electrónica. A estos efectos, se considerará como fecha de presentación de la solicitud aquella en la que haya sido realizada la subsanación».

[52] Artículo 14.1 RLPAC: «Si existe la obligación del interesado de relacionarse a través de medios electrónicos y aquel no los hubiese utilizado, el órgano administrativo competente en el ámbito de actuación requerirá la correspondiente subsanación, advirtiendo al interesado, o en su caso su representante, que, de no ser atendido el requerimiento en el plazo de diez días, se le tendrá por desistido de su solicitud o se le podrá declarar decaído en su derecho al trámite correspondiente, previa resolución que deberá ser dictada en los términos previstos en el artículo 21 de la Ley 39/2015, de 1 de octubre».

acta fundacional y estatutos, deben ser originales, y todo ello con independencia de que aquellos promotores dispongan de formación o de que puedan estar afectados por la brecha digital y carezcan de ayuda de terceros, circunstancia esta última que se está mostrando muy desfavorable para el emprendimiento asociativo. Al imponerse la vía obligatoria del registro electrónico, sin alternativa alguna, lo que se produce es una priorización del medio a través del cual se ejerce un derecho por encima del ejercicio mismo de tal derecho[53], con el efecto, en nuestro ámbito, de impedir la entrada en el Registro a las asociaciones más precarias, desde luego a aquellas promovidas por personas que por determinadas circunstancias de edad, condición social, lugar de residencia, puesto de trabajo u otras se encuentran al margen de la sociedad de la información.

Las asociaciones son el tipo de persona jurídica que en sus inicios debería estar más aliviada y asistida, y no hubiera sido incompatible con el planteamiento general de la LPAC que las asociaciones, antes de la inscripción registral, se asimilaran a las personas físicas en sus relaciones con la Administración[54]. Sería a partir de dicha inscripción cuando la LPAC podría presuponer en las asociaciones la «capacidad» y «disponibilidad» a que se refieren el artículo 14.3 como criterios justificativos de la relación electrónica. Hubiera sido lo más razonable si se tiene en cuenta que la relación electrónica no agota sus exigencias con la presentación de la solicitud de inscripción a través de la correspondiente sede electrónica. En efecto, al Registro incumbe analizar la documentación aportada, de tal forma que si la encuentra defectuosa o incompleta practicará el oportuno trámite de subsanación, y lo notificará al promotor solicitante, pero, por ser sujeto obligado, únicamente lo podrá hacer por medios electrónicos. Corresponde ahora al promotor de la asociación solicitante de la inscripción, y a partir de la fecha de presentación de la solicitud, mantener la diligencia debida en orden a acceder regularmente a la plataforma donde la Administración ponga a su disposición la notificación de rectificación de la eventual solicitud defectuosa, para evitar que transcurra el correspondiente plazo de alegaciones[55]. La consideración legal del no

---

[53] Recuérdese que estamos nada menos que ante un derecho fundamental y que formando parte de su contenido esencial se encuentra el derecho mismo a la inscripción registral (artículo 22 CE, y artículo 24 y disposición final primera LODA).

[54] Esto, además, hubiera sido coherente con la normativa ajena a la propia del derecho de asociación, pues los promotores de las asociaciones, durante el procedimiento de inscripción primera ante el Registro, no pueden obtener de la Fábrica Nacional de Moneda y Timbre el certificado de firma electrónica, precisamente porque este organismo exige para ello la previa y efectiva inscripción, viéndose compelidos dichos promotores a actuar inicialmente como personas físicas y no, como sería lo procedente, en tanto que representantes de personas jurídicas.

[55] Artículo 43 LPAC: «1. Las notificaciones por medios electrónicos se practicarán mediante comparecencia en la sede electrónica de la Administración y Organismo actuante, a través de la dirección electrónica habilitada única o mediante ambos sistemas, según disponga cada Administración u Organismo. A los efectos previstos en este artículo, se entenderá por comparecencia en la sede electrónica, el acceso del interesado o su representante debidamente identificado al contenido de la notificación. 2. Las notificaciones por medios electrónicos se entenderán practicadas en el momento en que se produzca el acceso a su contenido. Cuando la notificación por medios electrónicos sea de carácter obligatorio..., se entenderá rechazada cuando hayan transcurrido diez días naturales desde la puesta a disposición de la notificación sin que se acceda a su contenido».

acceso en plazo como «rechazo» significa que el procedimiento de inscripción continúa sin la intervención del interesado y finaliza con resolución de abandono o desistimiento de la solicitud[56], con la consecuente necesidad de volver a presentarla y, en su caso, pagar nuevamente la tasa establecida. Por ello es muy recomendable que el promotor facilite un número de móvil o dirección de correo electrónico donde la Administración pueda avisarle de la existencia de una notificación pendiente, aunque, también es cierto, la falta de tal aviso en ningún caso invalida la notificación.

Por tanto, antes de 2015 los promotores de las asociaciones comunes podían presentar la solicitud de inscripción en papel en cualquier oficina de registro y, una vez presentada, esperar a que la Administración le notificara en el domicilio social posibles defectos a través del Servicio de Correos (dos intentos en el plazo de tres días a horas diferentes). Después de 2015 la situación cambió radicalmente, al quedar obligados a la presentación electrónica de la solicitud y a buscar activamente esa posible notificación de subsanación de defectos, es decir, asumieron cargas que antes no tenían. No obstante, debido a los insuficientes desarrollos jurídicos y tecnológicos de la Administración, la completa entrada en vigor de la LPAC se demoró hasta el 2 de abril de 2021[57], y durante esos años previos se asistió a una situación de indeterminación en la que, para evitar frustrar la viabilidad de las asociaciones, los registros de asociaciones siguieron admitiendo la actuación tradicional ante la Administración.

En la actualidad, con los medios disponibles, promotores de asociaciones y RNA se encuentran inmersos en un proceso de relación virtual de imparable avance, por lo que aquéllos tendrán que asumir su intervención activa en el ya inevitable procedimiento registral electrónico, que como mínimo comprende, por un lado, la presentación electrónica de las solicitudes de inscripción y de las alegaciones que procedan en los trámites de subsanación de defectos y de audiencia, y, por otro, estar atentos a las notificaciones administrativas electrónicas para acceder en plazo a su contenido.

A aquella novedad normativa general vino a unirse, de forma particular, la publicación en el mismo mes de octubre de 2015 del nuevo Reglamento del Registro Nacional de Asociaciones, cuyos impactos hemos explicado en el Capítulo IV. Los cambios introducidos por esta norma fueron de calado y su apuesta por configurar un registro enteramente electrónico hicieron que se planteara el proyecto de crear e implantar un nuevo programa informático. Además, el estado de obsolescencia y carencias de las aplicaciones del Registro Nacional de Asociaciones y del Servicio de Utilidad Pública, ya evidentes en 2015, hicieron que se considerara inviable acometer una modernización de las mismas para efectuar el paso a la tramitación electrónica, optándose por abordar

---

[56] Artículo 41.5 LPAC: «Cuando el interesado o su representante rechace la notificación de una actuación administrativa, se hará constar en el expediente, especificándose las circunstancias del intento de notificación y el medio, dando por efectuado el trámite y siguiéndose el procedimiento».
[57] Disposición final novena del Real Decreto-ley 28/2020, de 22 de septiembre.

el desarrollo de un nuevo sistema de información, con un nuevo modelo de datos que, junto con el desarrollo y establecimiento de todos los componentes y servicios de administración digital correspondientes, permitiera: a) proporcionar un sistema con la funcionalidad necesaria para atender y gestionar de forma totalmente electrónica el Registro Nacional de Asociaciones y el Servicio de Utilidad Pública, con eliminación del papel en la tramitación; b) unificar en un único sistema las dos aplicaciones existentes y permitir a los funcionarios instructores disponer de una sola fuente de datos, para tener información de la situación de cada entidad en tiempo real, no solo de las inscripciones practicadas, sino de los procedimientos abiertos, para evitar duplicidades y, sobre todo, incongruencias derivadas de solicitudes contrapuestas; c) mejorar los tiempos de resolución de las solicitudes, tanto por la automatización de procesos (firmas, notificaciones, validaciones, depósito de documentación, comprobaciones de cuentas, anonimización de documentos depositados, etc.), como por la eliminación del papel, que exige impresión y traslado entre unidades; d) mejorar el intercambio de información con otros registros, ya que la funcionalidad de GEISER limita mucho la capacidad de envío de expedientes íntegros; y e) dar respuesta en tiempo y forma a las solicitudes de publicidad e información propias de la propia naturaleza del Registro respetando la protección de datos personales, los cuales se tenían que eliminar de forma manual.

Sin embargo, las constantes exigencias de la gestión diaria, la falta de personal, la atención a otras prioridades departamentales y la llegada de la pandemia, fueron circunstancias determinantes de una dilación en el proyecto, el cual se ha retomado en los últimos ejercicios para relanzar el diseño y posterior implementación de un nuevo programa informático para el RNA, comprendiendo los procedimientos de utilidad pública.

A tal objeto, y con carácter previo a la adjudicación de un contrato de servicios, se mantuvieron frecuentes reuniones para el intercambio de información entre los funcionarios del Área de Asociaciones y los funcionarios de la subdirección general de tecnologías de la información y de las comunicaciones del propio Departamento, con la finalidad última de concebir una nueva aplicación que pudiera sustituir por completo a ASOCIA, que se daría en llamar ASOCIA2, un programa especializado orientado a realizar un conjunto de tareas de forma coordinada e integrada, sobre la base de criterios de facilidad y rapidez, en apoyo de los funcionarios del Área de Asociaciones y en beneficio de las asociaciones destinatarias del servicio registral. La pretensión se concretaba en el diseño del nuevo «Sistema Integral de Gestión del Registro Nacional de Asociaciones y Declaración de Utilidad Pública-ASOCIA2», que desde un punto de vista técnico: se basara en una arquitectura de microservicios, con componentes que integraran los servicios de administración digital y dieran pleno cumplimiento a la Ley 39/2015, de 1 de octubre, Ley 40/2015, de 1 de octubre, Ley 6/2020, de 11 de noviembre, Reglamento General de Protección de Datos, Normas Técnicas de Interoperabilidad y Esquema Nacional de Seguridad, y en general cualquier otra normativa que sea de necesaria aplicación al Sistema; cumpliera con las especificaciones para la Sustitución de Certificados en Soporte Papel (SCSP); y dispusiera de un motor de workflow para facilitar la modificación de las fases y flujos de los procedimientos a los que daría soporte, de forma flexible.

Tales reuniones e intercambio de datos entre los propios empleados del ministerio con perfiles funcionales e informáticos también se dirigían a la elaboración de un preciso documento de licitación, que contuviera una exhaustiva descripción de los requerimientos, lo que supuso abordar los siguientes trabajos: a) análisis de los sistemas existentes que proporcionan parte de la funcionalidad al nuevo; b) análisis, diseño, construcción e implantación procedimiento a procedimiento y trámite a trámite; c) migración de datos, abarcando el estudio, planificación, creación de los procedimientos necesarios, aseguramiento de la integridad de los datos migrados y depuración final en caso de ser necesaria; d) gestión de la infraestructura lógica de desarrollo en todos los aspectos no estructurales de la organización: configuración para el proyecto de todas las herramientas corporativas existentes, generación de scripts precisos, actualización de procedimientos y documentación, y todo lo necesario −excluyendo la realización de tareas de técnica de sistemas− para el correcto funcionamiento de los servicios y productos proporcionados; y e) integración de la aplicación desarrollada con la Identidad digital de la Administración General del Estado, permitiendo adaptarse de manera ágil a futuros cambios.

El proyecto, financiado con fondos europeos y externalizado a empresa especializada en el sector, redundará en un programa puntero con las siguientes y principales funcionalidades: a) la tramitación electrónica íntegra, desde la recepción de las solicitudes hasta la inscripción en la hoja registral, la declaración de utilidad pública y las notificaciones a los interesados, posibilitando así que las asociaciones, como sujetos obligados a relacionarse de forma electrónica con la administración, puedan cumplir con los requerimientos legales; b) la automatización de conexión de las solicitudes entrantes con los procedimientos registrales correspondientes, de forma que los instructores las reciban directamente en su bandeja de entrada, así como la introducción de los metadatos de los documentos y su depósito electrónico sin adulterar los originales; c) la creación, en el ámbito de los procedimientos de utilidad pública, de formularios interactivos e inteligentes que faciliten la detección de errores cuando los interesados presentan sus cuentas anuales; d) la mejora en el intercambio de información y documentación entre el RNA y otros registros de asociaciones, tanto autonómicos como especiales, especialmente para la gestión del Fichero de Denominaciones, que actualmente debe alimentarse de forma manual mediante las cargas de ficheros Excel, que suelen llegar con errores que ralentizan el proceso; e) una elaboración de listados más ágil; f) la expedición de copias electrónicas auténticas de documentos depositados, con la anonimización de los datos necesarios; y g) la mejora en la elaboración de la Estadística Oficial de Asociaciones, incluida en el Plan Estadístico Nacional, para poder obtenerla de forma más automatizada.

Se estima que la novedosa aplicación ASOCIA2, que vendría a reforzar la tercera etapa histórica del RNA iniciada con el Reglamento de 2015, estará operativa a lo largo de 2026. Ello favorecerá que este servicio público dé un salto cualitativo en su adaptación a los procesos de digitalización, al hacer uso de una herramienta tecnológica compleja y avanzada, siempre, como hemos dicho, en provecho de un trabajo más racional y eficaz, y en beneficio último de las asociaciones y de la sociedad en general.

4. La colaboración institucional del Registro

La abundante y valiosa información del Registro es frecuentemente demandada tanto por las asociaciones y la ciudadanía en general para los más variados efectos, como por los poderes públicos para el ejercicio de las atribuciones que tienen legalmente encomendadas. Lo primero se lleva a cabo a través de los instrumentos de la publicidad registral, ya vistos, y lo segundo por los mecanismos propios de la colaboración institucional, que es la que ahora se examina.

Un primer supuesto se manifiesta durante los procedimientos de inscripción de alta de asociaciones y, una vez inscritas, en los procedimientos de inscripción de modificación de estatutos. En ambos casos, si de los estatutos presentados se deducen indicios racionales de ilicitud penal en los fines o las actividades asociativas, el Registro remite el expediente completo a la Fiscalía General del Estado, quedando en suspenso los procedimientos hasta recibir la valoración que proceda.

Un segundo y lógico supuesto consiste en que el RNA facilitará a los registros de asociaciones de las Comunidades Autónomas y a los registros especiales de asociaciones la información que le soliciten para el ejercicio de sus funciones registrales. Esta colaboración tiene su principal exponente en los procedimientos de transformación, en que bien por ampliación o reducción del ámbito territorial de actuación o por modificación de régimen jurídico las asociaciones cambian de registro y éstos son los que deben intercambiarse los expedientes que ya se encuentran en su poder.

Como sabemos, las delegaciones de asociaciones extranjeras sólo pueden inscribirse en el RNA, y también que las asociaciones españolas pueden tener una estructura compleja, por lo que el Registro, sin necesidad de ser requerido para ello, comunicará a los registros autonómicos la apertura de delegaciones o establecimientos dentro de su territorio por asociaciones de ámbito estatal o extranjeras inscritas en el mismo.

Un cuarto caso se refiere a que el Registro facilitará la información que le sea solicitada por otros registros u organismos de las Administraciones públicas, siempre que resulte necesaria para el ejercicio de sus competencias y se refiera a datos de contenido registral de asociaciones concretas. Entre estos posibles solicitantes cabría destacar a la policía judicial, y a todos aquellos órganos que ejercen funciones inspectoras o sancionadoras, en particular, para la tramitación de procedimientos de apremio fiscal, de recaudación de cuotas de la Seguridad Social o derivación de responsabilidades, o de reintegro de subvenciones. Igualmente al Tribunal de Cuentas en los procedimientos de reintegro por alcance.

También está previsto que, con referencia al RNA, el Ministerio del Interior dé respuesta a las peticiones de información más frecuentes realizadas por los diferentes órganos y entidades públicas a través de la Plataforma de Intermediación de Datos de las Administraciones Públicas. Esta disposición está orientada a la emisión de certificados por parte del RNA para que surtan efectos en los procedimientos de esos otros órganos de la Administración General del Estado o de otras Administraciones Públicas en los que estén incursas las asociaciones, de la misma forma que el propio RNA ya obtiene por vía electrónica, para los procedimientos de declaración de utilidad pública, los certificados de estar al corriente con Hacienda y la Seguridad Social por las asociaciones solicitantes de tal reconocimiento. En la actualidad, y previa solicitud del organismo interesado, esta colaboración está establecida con el Ministerio de Industria y Turismo respecto de los procedimientos sancionadores al amparo de la Ley de Costas de 1988, con la Comunidad de Madrid en cuanto a las actuaciones propias del Registro territorial de propiedad intelectual y con la Diputación de Valencia para la aplicación de beneficios fiscales sobre los tributos locales.

Al margen de lo anterior, y en cumplimiento del Real Decreto 609/2023, de 11 de julio, se ha instrumentado de forma bilateral la colaboración entre el Ministerio de la Presidencia, Justicia y Relaciones con las Cortes y el Ministerio del Interior con el objeto de que el Registro Central de Titularidades Reales pueda obtener del RNA y conocer la identidad de los miembros integrantes de las juntas directivas de las asociaciones, todo ello en el marco general de acceso a los registros públicos para identificar en todo momento la representación real de las personas jurídicas.

Y, finalmente, como no podía ser de otra manera, el Registro facilitará la información registral que le sea requerida por los Juzgados y Tribunales. De forma inversa, el Registro practicará todas aquellas anotaciones que le sean ordenadas por los órganos judiciales, en particular, respecto de las situaciones de concurso por insolvencia, y de aquellas que determinen la suspensión de actividades o la disolución misma de la asociación.

5. La difusión del Registro

La legislación que establece y regula el RNA, debidamente publicada en el BOE, constituye la principal fuente de información sobre este servicio público. Pero de forma complementaria, la Subdirección General de Asociaciones, Archivos y Documentación ha ampliado de forma notable los contenidos de las normas a través de la Web del Ministerio del Interior y de la edición de publicaciones, con información de todo tipo, tanto general como práctica sobre el Registro mismo y los procedimientos registrales, así como añadiendo modelos de documentos para la más fácil presentación de las solicitudes por parte de los interesados en inscribir una asociación y sus modificaciones posteriores. Todos estos recursos incluyen igualmente información sobre los procedimientos de utilidad pública de las asociaciones.

En la página Web del Ministerio del Interior, desde el primer nivel «Servicios al ciudadano» se encontrará la pestaña «Asociaciones», con un texto introductorio y un despliegue de entradas con diez apartados.

En efecto, a modo de información genérica a la ciudadanía tal sección «*recoge la normativa reguladora de las asociaciones y permite la consulta directa al fichero de denominaciones de asociaciones. Además, proporciona información sobre cómo solicitar la inscripción de una asociación en el Registro Nacional de Asociaciones, así como de las modificaciones posteriores derivadas de la vida asociativa. Igualmente, incluye información sobre cómo solicitar la declaración de utilidad pública.*

Puede acceder a todos estos contenidos en el menú que aparece a la izquierda de la pantalla, donde también podrá obtener modelos de solicitud y de documentos para cada tipo de procedimiento.

Si desea obtener más información, puede llamar al teléfono 060 de información general de la Administración General del Estado, donde le atenderá un operador.

Para realizar consultas presenciales en la sede del Registro Nacional de Asociaciones, es necesario solicitar cita previa enviando el formulario de solicitud a la siguiente dirección: Registro Nacional de Asociaciones: rna@interior.es; Servicio de Utilidad Pública: utilidadpublica@interior.es».

Como decimos, la información está debidamente diferenciada en los siguientes diez apartados:

Petición cita previa
Normativa básica reguladora
Consulta del Fichero de Denominaciones
Obtención de certificaciones y copias
Inscripciones en el Registro Nacional de Asociaciones (RNA)
Utilidad pública
Tasas
Modelos de Solicitud
Servicios Electrónicos
Otros Registros de Interés

Algunos de estos apartados presentan un mayor desglose. Desde «Normativa básica reguladora» se accede al texto completo de trece normas aprobadas por el Estado y a la referencia de un total de cuarenta y seis normas dictadas por las Comunidades Autónomas. También enlaza con un producto del BOE, el «Código de Asociaciones», un código normativo electrónico con abundantes disposiciones estatales y autonómicas, generales y específicas, sobre el derecho de asociación, los registros de asociaciones y las asociaciones, permanentemente actualizado. Entrando en «Consulta del Fichero de Denominaciones» se puede conocer el nombre y registro de inscripción de más de medio millón de asociaciones. Desde «Inscripciones en el Registro Nacional de Asociaciones (RNA)» no sólo se accede a la muy completa información de todos y cada uno de los procedimientos registrales sino a otros contenidos como las normas que rigen las denominaciones de las asociaciones, la forma de ejercer la publicidad registral y los códigos de actividad de las asociaciones. Desde «Utilidad Pública» se accede a tres importantes subapartados (solicitud de declaración de utilidad pública, rendición anual de cuentas e información contable). En «Tasas» se encontrará el importe exacto de cada tasa, así como un enlace a la Sede Electrónica para el pago por vía telemática. En «Modelos de Solicitud» se encontrarán treinta y ocho modelos de documentos aptos para los procedimientos registrales, entre solicitudes, actas, estatutos y certificados, así como trece modelos de documentos aptos para los procedimientos de utilidad pública, entre solicitudes, memorias, balances y cuentas de resultados. Desde «Servicios Electrónicos» se enlaza con la Sede Electrónica del Ministerio del Interior. Y el apartado «Otros Registros de Interés» alude a la existencia de los registros especiales de asociaciones de ámbito estatal.

El Área de Asociaciones, en cambio, no aparece como un recurso de información en la Intranet del Ministerio del Interior, solamente accesible para los empleados púbicos, lo que indirectamente demuestra su escasa relevancia hacia dentro de la organización y sí su clara vocación de servicio público para el conjunto de la sociedad civil.

De hecho, con esta pretensión, desde el Área de Asociaciones, en cuanto a los contenidos, y desde el Área de Publicaciones en cuanto a la edición, se han elaborado y publicado dos obras con información básica y extensa sobre el RNA y el Servicio de Utilidad Pública, concretadas en la «Guía Práctica de Asociaciones» (2016) y la «Guía de Asociaciones» (2017), respectivamente.

La primera es un desplegable gratuito con la información esencial sobre cómo actuar en los procedimientos de la competencia del Área de Asociaciones, mientras que la segunda es una publicación unitaria de doscientas diez páginas en la que se hace un detallado estudio de tales procedimientos, incluyendo notas explicativas a pie de página, normativa y modelos de documentos. En realidad, al margen del título, ambas obras tienen el mismo perfil, pues presentan y comentan la legislación general de asociaciones desde una perspectiva eminentemente práctica, así como ofrecen otros datos de interés para aquéllas, prescindiendo de cualquier referencia histórica, doctrinal o jurisprudencial.

Por lo que se refiere, en concreto, a la «Guía de Asociaciones», se trató de una segunda edición aconsejada por la aprobación dos importantes normas, el Real Decreto 1491/2011, de 24 de octubre, por el que se aprueban las normas de adaptación del Plan General de Contabilidad a las entidades sin fines lucrativos, y del Real Decreto 949/2015, de 23 de octubre, por el que se aprueba el Reglamento del Registro Nacional de Asociaciones, cuyas disposiciones derogatorias vinieron a dejar obsoleta parte de la información contenida en la pionera y meritoria «Guía de Asociaciones» de 2007, preparada y editada por la entonces Subdirección General de Estudios y Relaciones Institucionales[58].

La versión en papel de la «Guía de Asociaciones» de 2017 tiene un PVP de 9 euros (IVA incluido), siendo gratuita en su versión en línea, la cual está disponible en el apartado ya conocido de «Normativa básica reguladora» de la Web del Ministerio del Interior. Quizá por ello hasta el 31 de diciembre de 2024 la publicación ha tenido un número de ventas discreto, frente al no despreciable número de visitas/descargas realizadas.

Una tercera publicación, de gran impacto, es el «Anuario Estadístico del Ministerio del Interior», que recoge un destacado apartado de «Asociaciones». Aunque esta obra se edita en el segundo semestre de cada año con referencia a los datos del año inmediatamente anterior, podemos ya facilitar las principales cifras de actividad a 31 de diciembre de 2024. En tal ejercicio se tramitaron 2.580 procedimientos de alta de asociaciones en el Registro, 4.173 procedimientos de inscripción de juntas directivas, 1.267 procedimientos de modificación de estatutos, 267 procedimientos de apertura o cierre de delegaciones y 245 procedimientos de disolución de asociaciones, haciendo un total de 8.523 procedimientos registrales. Se emitieron 8.128 certificados y se declararon de utilidad pública 36 entidades asociativas.

Esta información se completa con los datos más recientes y totales de 68.318 entidades asociativas españolas inscritas (asociaciones, federaciones, confederaciones y uniones), de 202 delegaciones de asociaciones extranjeras inscritas, y de 2.718 entidades asociativas declaradas de utilidad pública (818 estatales y 1.900 autonómicas), todo ello a fecha 1 de marzo de 2025.

---

[58] En la Presentación de la Guía de Asociaciones de 2017 se puede leer: «La primera edición de la Guía de Asociaciones, publicada en 2007 y mínimamente actualizada en 2008, puso de manifiesto el auge del asociacionismo y la creciente demanda de información sobre los procedimientos administrativos que le afectan, por lo que el manual se presentó con la intención de ser un instrumento útil para todas aquellas personas interesadas en constituir e inscribir una asociación, en alcanzar para ésta la declaración de utilidad pública y en obtener publicidad de los datos registrales. Tales motivos persisten hoy día... De igual forma, los importantes cambios normativos y de gestión que han tenido lugar desde 2007 han supuesto un incremento de las peticiones de información sobre modelos, trámites, aportación de documentos, interpretaciones legales y otras muchas cuestiones relacionadas con los procedimientos de inscripción y declaración de utilidad pública. La Guía de 2007, por tanto, ha perdido ya parte de su vigencia e impacto, por lo que se aborda su completa actualización con el objetivo de ofrecer una nueva herramienta de consulta a ese creciente número de asociaciones», cfr. ROJAS JUÁREZ, J.R., *Guía de Asociaciones*, op. cit., pág. 11.

Con todas estas actuaciones, la Subdirección General de Asociaciones, Archivos y Documentación pone a disposición de los promotores y representantes de las asociaciones, así como de cualquier interesado en la materia, una extensa información, con especial énfasis en la de tipo práctico, para facilitar a todos ellos sus relaciones con la Administración y proveer a un más amplio conocimiento de este servicio público.

Imagen 15. Guía Práctica de Asociaciones

Imagen 16. Guía de Asociaciones

Imagen 17. Anuario Estadístico del Ministerio del Interior

Una última iniciativa de reciente implantación ha consistido en el diseño, por la propia Subdirección General de Asociaciones, Archivos y Documentación, de una imagen corporativa del RNA, al igual que ya tienen otras unidades del Departamento de similar nivel, para su más correcta identificación y visibilidad, y ser empleada tanto en la página Web ministerial como, posiblemente, en la documentación que queda en depósito y se pone a disposición de las asociaciones registradas.

Imagen 18. Logotipo del Registro Nacional de Asociaciones

Conclusiones

El Registro de Asociaciones, al igual que el Registro Civil y el Registro Mercantil, todos ellos creados en el siglo XIX, presenta una profunda tradición en la historia jurídico-administrativa española. Hoy es un servicio obligatorio e imprescindible. Es necesario porque su existencia viene constitucionalmente exigida. Y es indispensable porque contribuye de forma decisiva a la formación de un movimiento asociativo basado en elementos mínimos ordenadores y, al mismo tiempo, publicita su existencia para conocimiento y garantía de todos, como instrumento del principio de seguridad jurídica igualmente previsto en la norma fundamental.

De entre el conjunto de registros de asociaciones, que quedan establecidos a partir de criterios de orden territorial y material, emerge el Registro Nacional de Asociaciones como el principal registro general de asociaciones. Se podría decir que el Registro ha culminado en 2025 un exitoso e intenso periplo de sesenta años en el que han concurrido profundos cambios políticos y sociales, y ahora potencia uno nuevo marcado por la relación electrónica y las transformaciones tecnológicas con el objetivo de actualizarse y adaptarse a los requerimientos de una sociedad en constante evolución.

A partir de estas consideraciones, con esta obra se pretende homenajear a las autoridades y personal funcionario que desde el Ministerio del Interior han trabajado en favor de las asociaciones, al tiempo que la misma quede como testimonio, conocimiento y referencia para futuros responsables, con la certeza de que este servicio público sobrevivirá a muchas generaciones venideras y seguirá dando cauce al ineludible deseo de las personas de agruparse de forma organizada y permanente para alcanzar todos aquellos objetivos lícitos que favorezcan el desarrollo personal y el progreso social.